Couverture inférieure manquante

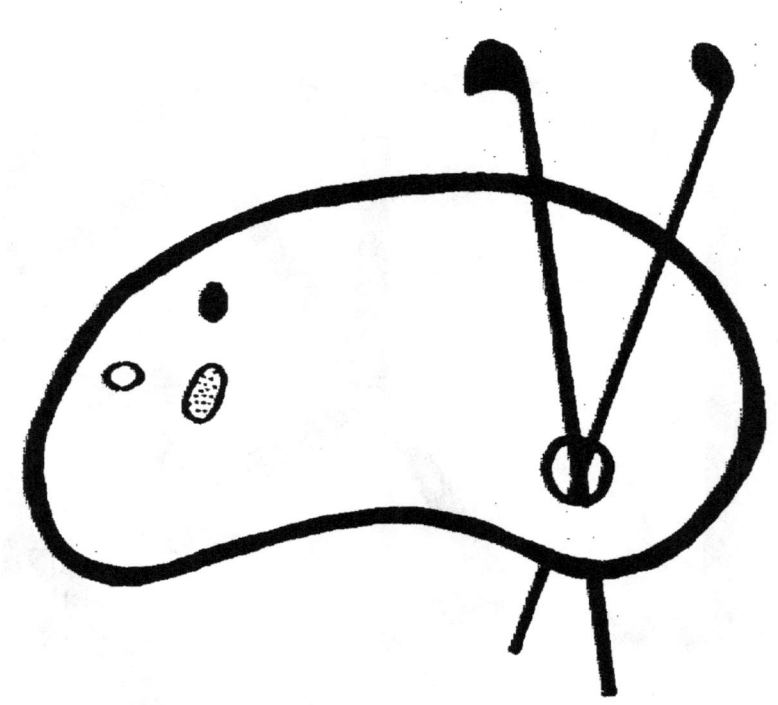

DÉBUT D'UNE SÉRIE DE DOCUMENTS
EN COULEUR

ANNALES

DE LA

FACULTÉ DES LETTRES

DE BORDEAUX

RÉDIGÉES PAR LES PROFESSEURS DES FACULTÉS DES LETTRES

DE BORDEAUX ET DE TOULOUSE

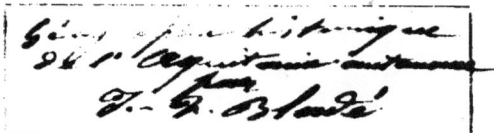

PARIS
ERNEST LEROUX, ÉDITEUR
28, Rue Bonaparte, 28

1893

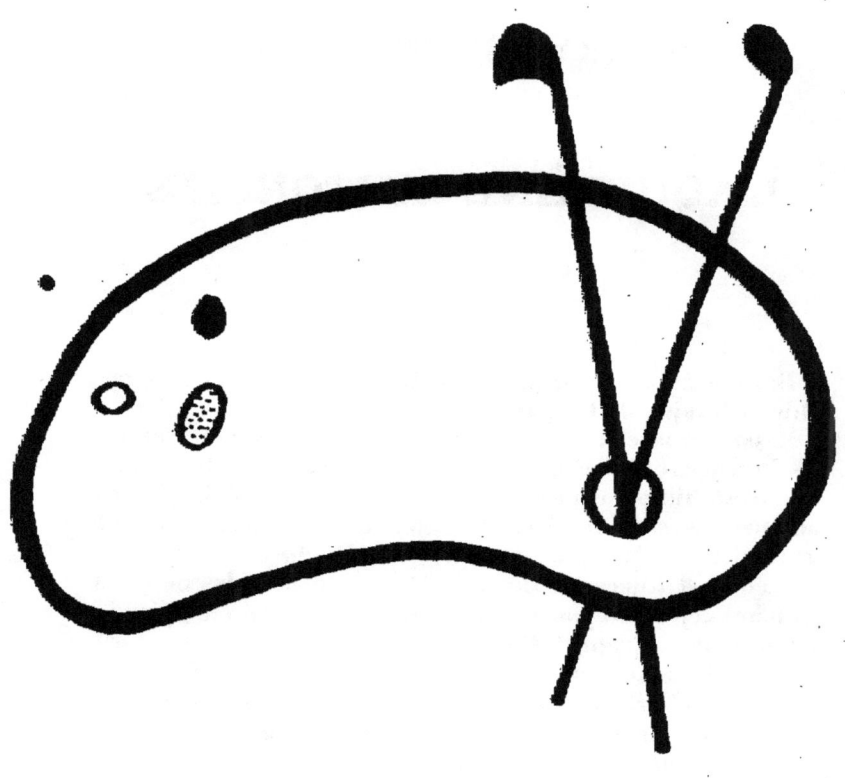

FIN D'UNE SERIE DE DOCUMENTS
EN COULEUR

GÉOGRAPHIE HISTORIQUE
DE
L'AQUITAINE AUTONOME

Dans ce mémoire, je prétends étudier en détail la géographie historique de l'Aquitaine autonome.

César circonscrit cette région entre le cours de la Garonne, les Pyrénées et l'Océan [1]. Mais il est certain que cette délimitation est simplement approximative. J'ai, en effet, prouvé ailleurs que, si la frontière méridionale de l'Aquitaine suivait généralement la ligne de faîte des Pyrénées, la portion moyenne et inférieure du petit Bassin de la Bidassoa (rive gauche) dépendait pourtant du domaine des Vascons, peuple du nord de l'Espagne [2]. En ce qui concerne la Garonne, il est démontré que les territoires de deux peuples de la Province romaine ou Narbonnaise, les *Convenae* [3] et les *Tolosates* s'étendaient sur l'une et l'autre rive de ce fleuve. Même certitude pour deux nations de la Celtique, les *Nitiobriges* [4] et les *Bituriges Vivisci* [5]. Ainsi, l'Aquitaine autonome n'était constituée que par tout le surplus du territoire dont il est parlé dans César.

§ I. DU NOM D'ARMORIQUE ABUSIVEMENT ÉTENDU A L'AQUITAINE AUTONOME. — On lit dans Pline que l'Aquitaine porta d'abord

---

1. Aquitania a Garumna flumine ad Pyrenaeos montes et eam partem Oceani quae ad Hispaniam pertinet. CAESAR, *Bell. Gall.*, I, 1.
2. BLADÉ, *Géographie de la Vasconie espagnole jusqu'à la fin de la domination romaine*, passim.
3. Pour les *Convenae*, v. BLADÉ, *Les Convenae et les Consoranni*, à publier incessamment dans la *Revue des Pyrénées* de 1893.
4. BLADÉ, *Les Nitiobriges*, dans la *Revue de l'Agenais* n° de mars-avril 1893.
5. Sur les *Tolosates* et les *Bituriges Vivisci*, v. BLADÉ, *Les Tolosates et les Bituriges Vivisci*, dans la *Revue de l'Agenais*, n° de mai-juin 1893.

le nom d'Armorique : *Aquitanica Aremorica ante dicta*[1]. Quelques auteurs modernes n'en ont pas demandé davantage pour affirmer qu'il s'agit ici de la primitive Aquitaine, de l'Aquitaine de César. Mais que vaut cette opinion ?

D'après les celtisants[2] le mot *Armorique* serait formé de *are*, près de, et de *mori*, mer. Voici les dénominations de cette Armorique tirées des textes anciens.

Aremorica, et *Aremorica* (forme postérieure), Plin. Nat. Hist., XXXI (XXVII); Eutrop., Hist. IX, 14. — *Armoricus, a, um*, et *Aremoricus, a, um*, adj. : *Armoricae civitates*, Caes. Bell. Gall. V, 54, et VII 75; *Armoricae cohors*, Hirt. Bell. Gall., VII, 31; *Aremoricae civitates*, Id., Ibid., V, 53, et VII; 75. Auson. Epist. XI, v. 15 et 35; Rutil. Numant. Itiner., IV, 1213. — En grec Ἀρμόρικος, Zozim, 6, 5; — *Armoricanus, a, um*, adj. : *Armoricanus Tractus*, Notit. dignit., et Fortunat., III, carm. 6. — *Armoricensis, a, um*, adj. : *Armoricensi provincia*, Idat. Chron., ad ann. 463. — *Armoritianus, a, um*, adj. : *Armoritiani*, Jordanes (vulgo Jornandes), De Reb. Getic., 36. — La Notitia Imperii porte : *Aquitania utraque, Senonia, Lugdunensis Tertia*, c'est-à-dire la Haute et Basse-Bretagne, tandis que Pline écrit, comme nous venons de voir, *Aquitanica Aremorica ante dicta*.

Et maintenant, tâchons de raisonner.

César désigne sous le nom de *civitates Armoricanae* tous les peuples de la Gaule établis sur le littoral de l'Océan[3]. Pourtant, cet écrivain semble bien affecter plus particulièrement ce terme aux *Curiosolitae* (département des Côtes-du-Nord), aux *Redones* (Ille-et-Vilaine), aux *Ambivariti* (Avranches), aux *Caletes* (pays de Caux), aux *Osimi* (Finistère), aux *Namnetes* (Pays Nantais), et aux *Unelli* (Cotentin). Dans la *Notitia dignitatum*, il est fait mention du *Dux tractus limitis Armoricani et Nervicani*, dont l'autorité s'étendait sur cinq provinces : la Première et Seconde Aquitaine, la Sénonie, la Seconde et Troisième Lyonnaise. Un auteur du VIIe siècle, Audoen, vulgairement désigné sous le nom de saint Ouën, qui

---

1. Plin., *Natur. Histor.*, IV, XXXI (XXVII).
2. V. notamment Zeuss, *Grammatica celtica*, 5, 13, 806, 866.
3. Universis civitatibus, quae ad Oceanum attingunt, quae eorum (Gallorum) consuetudine Aremoricae appellantur, quae sunt in numero Curiosolitae, Redones, Ambivariti, Caletes, Osimi, Namnetes, Unelli. Caes. *Bell. Gall.* VIII, 4. — Caeteraeque civitates positae in ultimis Galliae finibus Oceano conjunctae, quae Armoricae appellantur. Id., *Ibid.*, VIII, 14.

fut archevêque de Rouen, et qui a écrit la Vie de saint Éloi, évêque de Noyon, étend l'Armorique à une grande profondeur dans les terres. Il y comprend, en effet, le Limousin[1]. Nous avons aussi sur l'Armorique deux mentions intéressantes de Héric d'Auxerre, qui vivait au IXe siècle[2]. Je tiens à citer enfin un passage de Flodoard, mort en 966, dans sa Vie de saint Aegidius prélat de Reims[3].

Des textes que j'invoque, il me semble bien résulter : 1° qu'avant le haut moyen âge, le nom d'*Armorica* et *Aremorica* désignait en général la partie de la Gaule baignée totalement à l'ouest, et partiellement au nord, par l'Océan ; 2° que cette appellation s'appliquait plus spécialement, entre la Loire et la Seine, aux pays des *Curiosolitæ*, des *Redones*, des *Ambivariti*, des *Caletes*, des *Osismi*, des *Namnetes* et des *Unelli* ; 3° que durant le haut moyen âge, et même au commencement de la période féodale, le nom d'Armorique servait parfois à désigner la région comprise entre la Garonne et la Loire, autrement dit le territoire ajouté par Auguste, comme nous le verrons plus loin, à l'Aquitaine autonome, pour former une province autrement vaste, l'*Aquitania* ou *Aquitanica*, du Haut-Empire.

Ceci dit, je constate que la description de l'Aquitaine fournie par Pline est applicable, non pas à l'Aquitaine autonome, mais à la partie nord de la province créée par Auguste. Et comme les passages précités de César laissent en dehors de cette dénomination le territoire qui s'étend de la Garonne aux Pyrénées, il s'ensuit que, malgré l'opinion contraire de quelques savants, l'Aquitaine autonome n'a jamais porté le nom d'*Armorica*. Il est prouvé d'ailleurs que ce nom est celtique. Comment, dès lors, aurait-il pu être celui d'un pays dont les habitants parlaient un langage distinct de celui des Celtes ? Sous le Bas-Empire, la province de Novempopulanie n'était

---

1. Igitur Eligius Lemovicæ Galliarum urbe, quæ ab Oceano Britannico fere ducentorum millium spatio sejungitur, in villa Catalacensi, quæ a prædicta urbe sex circiter millibus, ad septentrionalem plagam vergit, oriundus fuit. Est itaque præfata civitas partibus sita Armoricanis in ulteriore Gallia, proximaque Aquitaniæ, quæ ad plagam respicit Occidentalem. *Vit. S. Eligii*, ap. Surium, VI, Dec. 1.
2. Gens inter geminas notissima clauditur amnes.
    Armoricana prius veteri cognomine dicta.
    Heric Autissiod., *Vit. S. Germani*, I, V.
3. Hujus Ægidii tempore sanctus Domini Basolus ex territorio Lemovicino, regione Armoricana, vili prosapia oriundus, a partibus Aquitaniæ patrocinia Beati Remigii desiderabiliter appetens, Remensem devenit ad urbem. Flodoard. *Hist. Eccl. Remens.*, I, 13.

certainement pas comprise dans le *Tractus Armoricanus et Nervicanus*. Nous voyons, en effet, dans la *Notitia dignitatum*, figurer le *tribunus cohortis Novempopulanae Lampurdo* (Bayonne) parmi les chefs de corps d'élite *(praepositurae)* soumis au *magister presentalium a parte peditum*.

§ II. Dénominations de l'Aquitaine tirée des textes de l'antiquité. — Il est assez connu que, dans l'antiquité, le nom d'*Aquitania* n'a pas servi toujours à désigner un territoire fixe et invariable. On appliqua ce terme d'abord à l'Aquitaine autonome, puis à la grande province créée par Auguste. La *Notitia provinciarum* nous montre cette province désormais scindée en trois : 1° *Aquitanica Prima*, 2° *Aquitanica Secunda*; 3° *Aquitanica Tertia*, *Novempopulana*. Le lecteur est prévenu que, dans les informations que je vais fournir, je ne tiens aucun compte de ces diverses modifications territoriales.

Aquitania, Caes. Bell. Gall., I, 1 ; Sueton. Galb. 6 et 9 ; Mela, De sit. orb. 2 ; Sext. Ruf., 6 ; Florus, III, 10; Eutrop. Hist. VII, 9 ; IX, 10 ; Tacit. Agric., 9 et 1, Hist., 76 ; Dig. 48. 4. 12, Orelli-Henzen, *Inscr. Inscr.*, n°ˢ 189, 3192, 3659, 4910, 6907. Je ne prétends pas indiquer ici toutes les inscriptions portant le nom de l'Aquitaine. Amm. Marcell, Rer. Gest., XV. 28 ; Not. Prov. *Gallia Aquitania*, Plin. Nat. Hist., VI. 39. — Ἀκουϊτανή, Strab. Geogr., IV. 3, Proem. Γαλλία Ἀκουϊτανία, Ptolem. Geogr., II, 1. Ἀκουϊτανία, Steph. Byzant., ap. Bouquet, I, 116

Aquitanus, a, um, adj, H. Tibull. 2, 1, 33. *Aquitana gens*. Au sens *Aquitanicus, a, um*, adj. Plin. IV, 33, 1. *Aquitanicus sinus*, et *Aquitanica provincia*, 26, 3, 2. — Cf. Facund. Defens. trium Capitul., 10, 6 ; Auson. Praef. ad Syagr. 21. — Le *sinus Aquitanicus* est également signalé dans la Carte de Peutinger et la Totius orbis descriptio. — *Gallia Aquitanica*, Inscr. Orelli-Henzen, n° 6945. — Au sens absolu *Aquitanica, ae*, désigne la province d'Aquitaine, Henzen, Suppl. Orelli, n°ˢ 6929 ; Salvian. Gub. Dei, VII, appelle ses habitants *Aquitani*.

§ III. Peuples de l'Aquitaine autonome. — Pour dresser la liste des peuples de l'Aquitaine autonome, il faut d'abord interroger le conquérant des Gaules.

César énumère dans l'ordre suivant onze peuples ou *gentes* : les *Sotiates* et leur oppidum (*oppidum Sontiatum*), les *Vocates*, les *Tarusates*, les *Tarbelli*, les *Bigerriones*, les *Ptianii*, les *Elusates*, les *Gates*, les *Ausci*, les *Garumni*, les *Sibuzates* et les *Cocosates*. Cet écrivain nous parle en outre d'un petit nombre de nations éloignées (*paucae ultimae nationes*) qu'il ne nomme pas [1].

J'aurai l'occasion de revenir plus bas sur ce passage. Pour le moment, je me borne à constater que César ne prétend pas nommer tous les peuples de l'Aquitaine autonome (*quo in numero*). Sont exclues, spécialement de son énumération, les *paucae ultimae nationes*, qui profitèrent de leur éloignement et des approches de l'hiver pour retarder leur soumission à la République.

Après César, Strabon a décrit l'Aquitaine primitive, augmentée par Auguste de la portion de la Celtique comprise entre la Garonne et la Loire, et aussi des territoires des *Convenae* et des *Consoranni*, englobés auparavant dans la Province romaine. Mais, dans cette Aquitaine agrandie, Strabon distingue nettement l'ancienne Aquitaine autonome des territoires postérieurement annexés. Il la circonscrit entre la Garonne et les Pyrénées (τῷ Γαρούνα ποταμῷ, ἐντὸς τούτου καὶ τῆς Πυρήνης), et lui attribue plus de vingt peuples peu importants et obscurs (ἔστι δὲ ἔθνη τῶν Ἀκουιτανῶν πλείω μὲν τῶν εἴκοσι, μικρὰ δὲ καὶ ἄδοξα). Mais il ne nomme que les *Tarbelli* (Ταρβέλλοι), les *Convenae* (Κωνουένοι), et les *Ausci* (Αὔσκιοι) [2].

Les renseignements fournis par Pline sur l'Aquitaine sont assurément les plus copieux qui nous soient parvenus. Pline décrit évidemment l'Aquitaine d'Auguste, c'est-à-dire la province créée par ce prince (27 avant J.-C.), et par lui formée de l'ancienne Aquitaine autonome augmentée de la portion de la Celtique comprise entre la Garonne et la Loire, plus les territoires des *Convenae* et des *Consoranni* auparavant englobés dans la Province romaine. Mais cet auteur

---

1. In Sontiatum (*var.* sociatium, sociacium) fines introduxit (P. Crassus) — Sontiates (*var.* sotiates) superioribus victoriis freti. — Maxima pars Aquitaniae sese Crasso dedidit obsidesque ultro misit ; quo in numero fuerunt Tarbelli, Bigerriones (*var.* berones), Ptianii (*var.* phtianii, paciani), Vocates, Tarusates (*pour* Ptianii, Vocates, Tarusates, *var.* soniua catesta, rusates), Elusates (*var.* llusates) Gates (*var.* gautes, gaites), Ausci, Garumni (*var.* garumni) Sibuzates (*var.* aut seissi bulates), Cocosates (*var.* cosates). Paucae ultimae nationes anni tempore confisae, quod hiems suberat, id facere neglexerunt. Caesar, *Bell. Gall.*, III. c. XX, XXI, XXII, XXIII, XXIV, XXV (édit. Frigell, Upsal, 1871), vol I, p. 48-51, et vol II, 1, 29-31.
2. Strab. *Geogr.*, IV, II, 1.

distingue, dans ce gouvernement, l'ancienne Aquitaine autonome de la portion de la Celtique, ajoutée par Auguste. Quant aux peuples par lui nommés, il en a tiré certainement la liste de textes presque contemporains de la conquête de la Gaule par les Romains.

« A l'Aquitaine, dit-il, appartiennent les *Ambilatri*, les *Anagnutes*, les *Pictones*, les *Santoni* libres, les *Bituriges* libres surnommés *Vivisci*, les *Aquitani*, d'où le nom de la province, les *Sediboviates*, les *Convenae* rassemblés dans un oppidum, les *Begerri*, les *Tarbelli quattuorsignani*, les *Cocosates sexsignani*, les *Venami*, les *Onobrisates*, les *Belendi*, le *saltus Pyrenaeus*; au-dessous les *Monesi*, les *Sybillates*, les *Camponi*, les *Bercorates*, les *Pinpedunni*, les *Lasunni*, les *Suellates*, les *Tornates*, les *Consoranni*; les *Ausci* les *Elusates*, les *Sottiates*, les *Oscidates campestres*, les *Succasses*, les *Latusates*, les *Basaboiates*, les *Vassei*, les *Sennates*, les *Cambolectri Agessinnates* joints aux *Pictones*, les *Bituriges* libres surnommés *Cubi*, puis les *Lemovices*, les *Arverni* libres, les *Gabales*; d'un autre côté les *Ruteni*, qui sont limitrophes de la Gaule Narbonnaise, les *Cadurci*, les *Antobroges* (*Nitiobroges* où *Nitiobriges*), et les *Petrocorii* séparés des *Tolosani* par la rivière du Tarn [1]. »

Je crois avoir déjà prouvé ailleurs que, dans le texte de Pline, la description de l'ancienne Aquitaine autonome commence à *Aquitani unde nomen provinciae*, pour finir à *Sennates*, à l'exclusion de *Cambolectri Agessinnates Pictonibus iuncti*. Rayons pourtant deux peuples de la partie sud de l'Aquitaine d'Auguste, les *Convenae* et les *Consoranni*, les-

---

[1]. Aquitanicae sunt Ambilatri, Anagnutes, Pictones, Santoni liberi, Bituriges (*var.* : beturi, betur.) liberi cognomine Vivisci, Aquitani unde nomen provinciae, Sediboviates (*var.* sediboviades, sedbib., sediboviates), mox in oppidum contributi Convenae), Begerri (*var.* ...erbi, geberbi, bergebi), Tarbelli quattuorsignani, Cocosates sexsignani, Venami, Onobrisates, Belendi, saltus Pyrenaeus, infraque Monesi (*var.* mone), Sybillates (*var.* sibyll.), Camponi (*var.* ....poi), Bercorates, Pimpedunni, (*var.*.. mni, pinpendunini). Lasunni (*var.*... unnis, unnis.... mini unnis... urinis). Suellates (*var.* vellates); Tornates (*var.* Torvates)... Consoranni, Ausci, Elusates (*var.* aelus.), Sottiates, Oscidates campestres Succasses, Latusates (*var.* Tarusates), Basaboiates (*var.* basabocates), Vassei (*var.* vassaei, vassel, vessei, Sennates (*var.* ..., enn, ann), Cambolectri, Agessinnates (*var.* Cambolectri Agass), Pictonibus iuncti autem Bituriges liberi qui Cubi appellantur, dein Lemovices (*var.* lemonices) Arverni (*var.* Arverni liberi), Gabales rursus Narbonensi provinciae conterini Ruteni, Cadurci, Antobroges (*var.* Nitiobroges, Nitiobriges), Tarneque amne discreti a Tolosanis Petrocori. Plin. *Nat. Hist.*, III, 1, 19 (33), édit. de L. Janus dans la coll. Teubner, t. I, p. 179. Les variantes sont à la page 11 du même tome.

quels ne furent notoirement annexés à cette province qu'en l'année 27 avant J.-C.

Après Pline, interrogeons encore Ptolémée, qui écrivait durant la première moitié du II° siècle de notre ère, mais qui utilise incontestablement ici des informations contemporaines d'Auguste. Il nomme les *Tarbelli* et leur chef-lieu *Aquae Augustae* (Τάρβελλοι, καὶ πόλις αὐτῶν Ὕδατα Αὐγούστα), les *Vasates* et leur chef-lieu *Cossio* (Οὐάσαροι, καὶ πόλις Κόσσιον), les *Ausci* et leur chef-lieu *Augusta* (Αὔσκιοι καὶ πόλις Αὐγούστα), les *Convenae* et leur chef-lieu *Lugdunum*, colonie (Κονούενοι, καὶ πόλις Λούγδουνον κολωνία)[1]. Le même géographe mentionne aussi les *Datii* (Δάτιοι), que certains érudits placent dans l'ancienne Aquitaine autonome. Mais je crois avoir déjà prouvé ailleurs la fausseté de cette opinion.

César, Strabon, Pline et Ptolémée, voilà les quatre principales sources de renseignements sur la géographie historique de l'Aquitaine autonome. C'est pourquoi j'ai tenu à les utiliser ici intégralement. Quant aux autres informations, je ne manquerai pas de les signaler au fur et à mesure que je devrai en tirer profit.

Et maintenant, tâchons, avec l'ensemble de ces secours, de dresser la liste des peuples de l'Aquitaine autonome. Divers auteurs, et notamment deux, Dom Martin et Guérard, ont entrepris ce travail pour toute la Gaule. Mais je me borne à signaler ici les entreprises de ces érudits, sans en faire la critique.

Aquitani, Ausci, Belendi, Basabocates, Bercorates, Boii ou *Boates, Bigerriones* ou *Begerri, Camponi, Cocosates* ou *Cocosates sexsignani, Elusates, Garumni, Gates, Lassunni, Latusates, Monesi, Onobrisates, Oscidates campestres, Oscidates montani, Pimpedunni, Ptiani, Sediboviates, Sybillates, Sibuvates, Sotiates* ou *Sontiates, Succasses, Suellates, Tarbelli* et *Tarbelli quattuorsignani, Tarusates, Tornates, Vasates, Vassei, Venami, Vocates.*

Total, trente-trois peuples énumérés ; mais ce chiffre est sujet à réduction.

Et d'abord, rayons *Aquitani*. Comme je crois l'avoir prouvé dans un autre mémoire, *Aquitani*, dans le passage précité de Pline, annonce en général les peuples de l'ancienne Aqui-

---

1. Ptolém., *Géogr.*, II, 1.

taine autonome, et ne désigne pas une nation particulière. Dans les *Basaboiates* uniquement mentionnés par cet écrivain, des érudits fort autorisés s'accordent à reconnaître la confusion en un seul peuple des *Vasates* et des *Vocates*. M. Jullian identifie ces derniers avec avec les *Boii et Boates*[1]. Plusieurs savants ont avancé, non sans apparence de raison, que les *Latusates* de Pline sont les *Tarusates* de César. A ce compte, quatre noms de peuples sont à effacer : les *Aquitani*, les *Basaboiates*, les *Latusates* et les *Vocates*. Il en reste encore vingt-neuf, et nous avons déjà vu que Strabon en compte « plus de vingt » dans le sud de l'Aquitaine augustale. Mais ce géographe comprend, sans doute, dans son calcul les anciens *Convenae* et *Consoranni* détachés par Auguste de la Narbonnaise, pour être annexés à l'Aquitaine, ainsi qu'une bonne partie de la Celtique. Strabon, d'ailleurs, fait expressément mention des *Convenae*. Ainsi, le nombre des peuples de l'Aquitaine autonome tomberait à vingt-sept, ce qui s'accorde assez bien avec le chiffre de « plus de vingt » dont il est parlé dans Strabon. Admettons donc la liste suivante comme approchant beaucoup de la vérité :

Ausci, Belendi, Bigerriones, Boii, Camponi, Cocosates, Elusates, Garumni, Gates, Lasumni, Monesi, Onobrisates, Oscidates campestres, Oscidates montani, Pimpedunni, Ptianii, Sibuzates, Sediboviates Sotiates, Succasses, Suellates, Tarbelli, Tarusates, Tornates, Vasates, Vassei, Venami.

§ III. Réflexions sur les noms des peuples et des cités du sud-ouest de la Gaule avant et pendant la domination romaine. — L'intitulé du présent paragraphe suffirait seul à prévenir le lecteur que je vais sortir ici, par exception, du domaine où j'aurais voulu me cantonner absolument. Mais quoi? Dans cet ordre de recherches, les différentes parties du sujet ne peuvent guère être séparées.

La première question qui se pose est de savoir dans quel état nous sont parvenues les diverses portions géographiques des anciens textes concernant le sud-ouest de l'Aquitaine anté-romaine et romaine. Ici, comme ailleurs, les monuments de l'épigraphie antique méritent incontestablement nos préférences, puisqu'ils n'ont subi aucune des chances d'altération de copistes, si souvent encourues par les écrits des auteurs du

[1] Jullian, *Inscriptions romaines de Bordeaux*, II, 189.

même temps. Je concède très volontiers que, dans certains cas, les inscriptions romaines de notre Sud-Ouest portent des traces plus ou moins apparentes de l'influence du langage des populations de l'Aquitaine autonome. Il est prouvé, d'ailleurs, que cet idiome se rattachait à celui des Ibères, aujourd'hui représenté par le basque. Mais il n'en demeure pas moins certain que, durant l'intervalle compris entre la conquête des Romains (56 avant J.-C.) et l'établissement des Wisigoths dans le sud-ouest de la Gaule (vers 418 après J.-C.), les habitants de ce pays furent progressivement romanisés, et le furent finalement à ce point que leur ancien idiome disparut, sauf dans la région à peu près représentée par notre Pays Basque français. Partout ailleurs, on ne retint de l'ancien langage, remplacé désormais par celui des conquérants, que certaines habitudes phonétiques, et un petit nombre de mots. Ainsi, les termes géographiques consignés dans les épigraphes antiques nous sont parvenus, dans bien des cas, sous d'indiscutables altérations résultant du latin.

Dans les éditions critiques de César, de Strabon, de Pline, de Ptolémée, etc., quantité de ces termes nous apparaissent encore plus corrompus, soit par le fait des influences déjà signalées, soit par celui des variantes plus ou moins nombreuses tirées des divers manuscrits pour l'établissement des textes réputés corrects. Il est assez clair que, dans ces sortes d'entreprises, les expressions géographiques sont tout particulièrement embarrassantes pour les éditeurs, car il leur est ici presque toujours impossible d'assigner un sens à cette classe de mots. Incontestablement, César, Pline, etc., les latinisent au double point de vue de la phonétique et des désinences. Dans les mêmes conditions, Strabon, Ptolémée, et quelques autres, les grécisent. Voilà qui sera prouvé bientôt par divers exemples. Pour ces raisons générales, je considère donc comme déjà prouvé que les termes de géographie légués au monde romain par les habitants de l'Aquitaine autonome ne nous sont parvenus, pour la plupart, qu'avec des altérations plus ou moins profondes. Voyons maintenant les motifs spéciaux qui militent aussi en faveur de cette constatation.

La première description de l'Aquitaine autonome est tirée du livre de César. Mais ce n'est pas lui qui fit la conquête de ce pays. Ce fut son jeune légat Publius Crassus, qui était sans conteste un véritable lettré. Ici, César écrit donc ici en utilisant les informations transmises par son légat. Mais il va de soi qu'au cours de son entreprise, P. Crassus ne devait et ne pouvait s'inquiéter que du succès militaire. Ces premiers éléments de toponymie, et d'autres encore remontant à la période autonome, ont donc été recueillis, à une époque voisine de la conquête, dans des conditions défectueuses, avant de passer dans la compilation de géographie qui occupe les livres III, IV, V, et VI de la *Naturalis Historia* de Pline. Les Grecs, tels que Strabon, Ptolémée, etc., n'ont décrit évidemment la Gaule qu'en utilisant les informations latines recueillies par les vainqueurs. Il est de plus assez clair que ces Grecs ont accommodé aux exigences de leur langue les termes de géographie déjà passés de l'idiome aquitanique au latin, sous les transformations déjà dites. Un exemple suffira pour appuyer ces explications.

On a largement prouvé que l'idiome basque, issu de celui des vieux Ibères, ne possède pas la lettre *b*, telle que nous la trouvons en latin et en français. Voici comment M. Van Eyss s'exprime à ce sujet :

« Dans le basque, la lettre *v* est si rare qu'on peut la consirer comme étrangère. Dans les mots d'origine latine, on la remplace généralement par *m*. Exemples : *magina*, gaine (lat. *vagina*), *Mahastekatu*, mâcher (lat. *masticare*), *makilla*, bâton (lat. *baculum*), *mendekatu*, *mendekatzen*, se venger (lat. *vindicare*), etc., etc. Voici d'ailleurs le tableau de la permutation des labiales.

P { *l.* Aizta = aizpa. Aitatu = aizpatu. Seta = sepa.
    m. Para = marra.

B { *g.* Ebiakoitza = egiako hitza. Burharo = gurharo. Bardi = gardi. Erbal = ergal. Habin = hagan.
    m. Bilgor = milgor. Biga = miga. Ibni = imini.

M { *p.* V. P.
    h ou *f.* Mum ou hun ou fun dans burrunum. Exception. Sans cela permutation avec les autres labiales : ibini = imini. Ipini = ifini [1].

A ces constatations j'ajoute, après avoir consulté M. Julien Vinson, que dans beaucoup de termes basques tirés du latin,

---

[1] Van Eys. *Dictionnaire Basque-Français*, p. XLIV.

de l'espagnol ou du gascon, la labiale se prononce d'une façon qui tient le milieu entre le *b* et le *v*. Inutile de prouver que, dans bien des cas, il en est de même pour l'espagnol. De même il existe, en Gascogne, deux façons de prononcer le *b*, dont l'une est forte, et l'autre assez douce pour se rapprocher un peu du *v*.

Pour ces seules raisons, j'estime qu'il n'y a pas déjà lieu de s'inquiéter sérieusement de la présence du *v* dans tous les noms des peuples de l'Aquitaine autonome où cette lettre semble bien exister. N'oublions pas d'ailleurs que César a décrit la conquête du pays, non pas d'après ses souvenirs personnels, mais ceux de son légat Crassus.

Voilà des faits mis dès longtemps hors de toute contestation. D'autre part, il est solidement prouvé que, parmi les particularités phonétiques retenues dans le gascon, dialecte du provençal, de l'idiome des vieux Aquitains, il faut compter comme une des plus importantes l'absence de la même lettre *b*. Cette consonne ne devrait donc figurer dans aucun des noms de peuples de l'Aquitaine autonome. On l'y rencontre pourtant, et plusieurs fois, dans les textes des auteurs anciens. Voilà bien, ce me semble, une preuve toute spéciale des altérations imposées aux expressions géographiques de l'Aquitaine autonome par les auteurs latins et grecs.

Je tiens encore à parler de la désinence *ates*, acceptée par plusieurs érudits contemporains, comme exclusivement caractéristique des peuples de l'Aquitaine autonome. Mais quelle est la valeur de cette opinion?

Et d'abord il est certain qu'en dehors de notre région, neuf peuples du reste de la Gaule avaient leurs noms terminés en *ates*. En voici la liste suivant l'ordre alphabétique [1]:

Adanates. Inscrits sur l'Arc de Suze, la huitième année de Notre-Seigneur. On les a, peut-être à tort, rapprochés des *Edenates* du Trophée des Alpes (Plin. Nat. Hist., III. v (IV), 4), et des *Adunicates*, que Pline semble placer au nord des *Suetri* et des *Quariates* (Plin. Nat. Hist., V, v (IV),) ; mais

---

[1]. Ce nombre devrait être même être porté à dix, si on tenait compte de ce passage précité de Pline : *Cambolectri Agessinnates Pictonibus inncti*. Certains érudits distinguent en effet les *Cambolectri* des *Agessinnates*. Mais j'ai déjà prouvé, dans un précédent mémoire, qu'*Agessinnates* est tout simplement un terme ici employé pour distinguer ces *Cambolectri*, contigus au Poitou, des *Cambolectri Atlantici* de la Province romaine.

leur localisation est difficile. Il faut néanmoins les placer dans la Province romaine.

Atrebates, um, Caes. Bell. Gall.., 2, 4, 16, 23 ; Plin. Nat. Hist., 4, 17. *Atrabates, Atrevates,* Notit. Imp. — FINES ATREBATEN., Milliaire de Tongres. — Ἀτρέβατοι, Strab. Géogr., IV, p. 194. Ἀτρέβατοι, Ptolém, Géogr., 2, 9. — Ce peuple de la Belgique occupait Arras et son territoire. Il eut probablement son chef-lieu à *Nemetum* (Arras), Tab. Peuting. NEMETAC., Milliaire de Tongres. — Voici les autres renseignements sur Arras : *Atrebatae, arum,* Notit. Imp. *Atrebates, ium,* textes du moyen âge *Atrebatum,* Vospic. In Carin. c. xx. *Nemetacum,* Anton. Itin. *Nemetocena,* Hirt. 8, 47, 52, et non Ὀρυγχίον de Ptolémée.

Deceates ou *Deciates.* Δεκιάται Ἀντίπολις καὶ αἱ τοῦ Οὐάρου ποταμοῦ ἐκβολαί, Ptolem. Géogr., II, x(ix), 8. Peuple de la Narbonnaise, dont le territoire devait correspondre à la ville d'Antibes et à ses environs.

Desuviates, Plin., Nat. Hist., III, v (44). Peuple de la Narbonnaise, dans le pays des Ligures, entre Arles et Marseille, probablement vers l'étang de Dezeaumes.

Edenates, Plin. Nat. Hist., 3, 20, 23. Peuple des Alpes, en Provence ou en Savoie.

Nantuates, um., Caes. Bell. Gall., 3. 1 ; 4, 10; Plin. Nat. Hist., 3, 20. Peuple de la Gaule Narbonnaise, au pied des Alpes.

Quadiates, mentionnés sur l'Arc de Suze. On les a rapprochés des *Quariates,* que Pline nomme entre les *Suetri* et les *Adunicates.* Ils ont même été confondus avec ces *Quariates,* et localisés dans la vallée du Guil, ou vers Queyras, appelé *Quadratium* au moyen âge. Mais le fait est qu'on ne peut dire avec sécurité s'il s'agit d'un ou de deux peuples.

Savincates, inscrits sur l'Arc de Suze. D'Anville (Not. de la Gaule, p. 584) propose de les placer aux environs d'Embrun. Mais ce n'est là qu'une simple hypothèse.

Tolosates et *Tolosani,* dont le chef-lieu était *Tolosa* (Toulouse), ville de la Gaule Narbonnaise.— *Tolosa, ae,* Mel. 2, 5, 2 ; Caes. Bell. Gall., 3, 20, 2 ; Cicer. Font. 5, 9; Martial., 9, 100, 3; Itin. Anton. — Τολῶσα, Ptolém. *Geogr.* — De là *Tolosanus, a, um,* adj. *Tolosanum* (*aurum*), Cicer. Nat. Deor., 3, 30, 74. Au pluriel, *Tolosani, orum,* les habitants de Toulouse, Plin. Nat. Hist., 4, 19 33. — *Tolosas, atis,* adj. : *Tolosas* (*casens*), Martial, 12 32, 18. Au pluriel *Tolosates, ium*, les Toulousains, Cæs. Bell. Gall., I, 10 ; 1, 7, 4. — *Tolosensis, e*, adj., même signification : *Tolosensis (lacus)*, Justin. 33, 3.

La désinence *ates* n'est donc pas, comme on l'a dit, absolument propre aux peuples de l'Aquitaine autonome. Mais j'ai hâte d'ajouter qu'en ce pays nous la trouvons beaucoup plus abondante qu'ailleurs. En effet, sur la liste déjà dressée des vingt-sept nations qui se partageaient le pays, il y en a quatorze dont les noms finissent en *ates*, savoir : les *Boates* ou *Boii*, les *Bercorates*, les *Cocosates*, les *Elusates*, les *Gates*, les *Onobrisates* les *Oscidates campestres*, les *Oscidates montani*, les *Sibuzates*, les *Sediboviates*, les *Sotiates*, les *Suellates*, les *Tarusates*, et les *Vasates*. Ce chiffre se réduit à treize, si l'on tient compte de la forme *Boii* usitée comme celle de *Boates*. Quant aux quatorze autres peuples, le chiffre de ceux dont les noms finit en *i* s'élève à onze, et même à treize, si l'on y ajoute les *Boii* ou *Boates*, et les *Bigerriones* de César, appelés *Begerri* par Pline, ou *Bigerri* par Ausone. Pour que mon compte de vingt-sept peuples soit complet, il ne me reste plus qu'à signaler les *Successes*.

Ainsi, voilà environ la moitié des nations de l'Aquitaine autonome dont les noms ne finissent pas en *ates*. Les partisans de la doctrine dont je m'inquiète seraient tenus d'expliquer cette anomalie. Ils n'en ont rien fait jusqu'à présent. Mais ces terminaisons en *ates* ont-elles bien, par une absolue fixité, l'importance qu'on leur attribue? Et d'abord, je constate que, sous la plume de Ptolémée (Geogr. 2. 7, 11), le nom latin des *Vasates* devient Οὐασάριοι, que certains, et notamment M. Pape, corrigent arbitrairement en Οὐασάτιοι. Pour Ptolémée la terminaison *ates* était donc de nulle importance. Remarquons d'autre part que *Boiates* d'une inscription du Bas-Empire (CIVES (pour CIVIS) BOIAS) et de la *Notitia provinciarum* sont représentés par *Boios* dans l'Itinéraire d'Antonin, et par les *Boii* d'Ausone. Voilà bien, ce me semble, une seconde preuve du peu d'importance qu'on attachait alors à la terminaison *ates*. En faut-il une troisième? Nulle part les *Lactorates* ne sont signalés parmi les peuples de l'Aquitaine autonome. Le nom de *Lactora* apparait pour la première fois dans l'inscription de Minicius Italius, gravée en 105 avant J.-C., et mentionnant la province financière de Lectoure (PROVINCIA LACTORAE). M. Urlichs a démontré que Minicius Italus administrait ce district en 98. Or, *Lactora* est bien ici un nom de lieu, et pas de peuple, qui donna son nom, dès le Haut-Empire, à une cité mentionnée dans les inscriptions du temps (LACTORATes) [1]. — Res *Publica* LACTORAT*ium* [2] — LACTORA*e* [3] — CIVITAT*is* LACTOR*atium* — TAVROPOLIVM FE | CIT ORDO LACT*oratium* [4]). Dans la Notice des provinces *civitas Lactoratium*. Le nom de *Lactora* n'engendra donc qu'après la conquête celui de *Lactorates*. Ainsi, l'emploi de la terminaison *ates* vient des Romains, et non pas d'une habitude prétendue qui remonterait aux temps de l'Aquitaine indépendante.

Pour en finir avec cette terminaison *ates*, je n'ai rien de mieux à faire que de soumettre à ce sujet au lecteur le plus récent état de la doctrine des celtisants formulé par M. Alfred Holder.

« A-T-IS, *suffixe nominal breton*. — ad-at, dans les *noms de peuples* : Adan-tes, Eden-ates, Adunic-ates, Agesin-ates, Aususu-ates V. Iovi Baginn-ati *(Narbonne) C. I. L.* XII 4886 ; C. Iulius Bargati I. 4895 ; C. Iulio Bargati I. Luérioni Belenati-s *ou bien* Belen-natus *dérivé de* Belenos, *dans* (Mons) Belanatensis, ... Belgin-ates, Bercorc-ates, Bergom-ates *in Gallia Cisalpina*, Belarratis, Boi-ates, M. Bori-atis, (*gen.*), Borod-ates, Briv-atis, V. Briv-ates, Briv-atiom, Caburri-ates, Caerae-ates, (Caled)omap-atis, M. Camul-ates, Carac-ates, V. Cassici-ates, Caten-ates, v. Cerdici-ates, deo Mercurio Clavari-ati, V. Cocos-ates, *Aquit.*, *de* Cocosa, Corogenn-ates, V. Daesiti-ates, O. Corter-atis, V. Deci-ates, Decum-ates ? Des-uvi-ates, Dev-atis, Dex-uvi-ates, V. Dexiv-ates, Dumiatis (*de* dunum), Duri-ati-os, Durobriv-atis, Edelas, *Aquitan.* Elusates, *de* O. Elusa *dérivé*, V.... enac-ates *C. I. L.* V, 6986, Focum-ates, Matronae Bracores Gallin-ates, Gallion-ates, Genu-ates *chez les Ligures*, Hercúni-ates, *Aquitan.* Lactorates *de Lactora*, Lang-ates, Lic-ates, Lixovi-atis, Map-atis, Mauriennas, Maus-atis *partie du Jura*, Montum-ates, *non pas du Gaulois* mori-atis, *mais* morite-atis, adi. Νεμοσατ-τ *du Gaulois* Nemausos = Νέμωσος, Namaus-ates = Nemausenses,

---

1. BLADÉ, *Épigraphie antique de la Gascogne*, p. 104. La partie principale de l'inscription est au n° 1 de ce recueil.
2. ID., *Ibid.*, n° 103 et 105.
3. ID., *Ibid.*, n° 106.
4. ID., *Ibid.*, n° 117.

Nantu-ā (ā ou bien ā) ates, Odi-ates, *Aquitan*. *V.* Ono-bris-ates, Osquid-ates Quariates, *dérivé de* Polates, *habitants de Pola en Istrie*, Mars Randos-atis, Rati-atis, Ric-ati (?), Creticus Runatis (filius), Savine-ates, Sibuz-ates, Sibyll-ates, Sonti-ates, Soti-ates, Subin-ates (vicus), Talli-ates, *V.* Tarus-ates, Tolos-ates, *les habitants de Tolosa* (*mais* Tălosātis casei quadra, Martial. 12. 32, 18), Torn-ates, Trev-atis, Tublin-ates, Vas-ates, Vell-ates *O.* Volog-ates, *Cf.* ate *dans* Gallar-āte. Nantu-āte. Pedrin-ate-ates *d'après d'Arbois de Jubainville dans les dérivations* A(d)trebates, *peut-être* Nantu-ātes [1]. —

Tel est, en ce qui concerne la terminaison *ates*, l'état le plus récent de la doctrine des celtisants. Est-il besoin de confesser que je ne saurais en être bon juge? Mais, pour être franc, ces théories, trop souvent ambitieuses et hâtives, me répugnent instinctivement. Et puis, j'ai bien le droit d'objecter que, dans le passage ci-dessus, figurent bon nombre de peuples de l'Aquitaine autonome, avec leur désinence *ates* donnée comme incontestablement celtique par M. Holder et les savants dont il s'inspire. Or, il est historiquement et philologiquement prouvé que les populations de l'Aquitaine autonome parlaient un langage apparenté à celui des vieux Ibères et qui persiste encore dans l'idiome des Basques.

Il est de doctrine courante qu'au temps de l'autonomie de l'Aquitaine, de la Celtique et de la Belgique, *l'oppidum*, le chef-lieu de chaque peuple, portait un nom différent de celui du peuple même. Ainsi, dans mon domaine, *l'oppidum* des *Ausci* se nommait *Climberrum*, *Elimberrum* ou *Eliberre*, et celui des *Vasates* s'appelait *Cossio*. Mais n'existait-il pas d'exceptions à cette règle? Je serais assez tenté d'en voir une dans ce fait que les *Cocosates*, peuple uniquement signalé par César ont dû avoir pour *oppidum* le lieu *Cocquosa* mentionné dans l'Itinéraire d'Antonin. Telle est du moins l'opinion de M. Longnon, qui fait des *Cocosates* une peuplade cliente des *Tarbelli*. Et comme il faut chercher *Cocquosa* sur la voie romaine de Bordeaux à Dax, M. Longnon prétend retrouver ce lieu entre Lespéron et Sindères (Landes), à 5,500 mètres de chacun de ces villages [2]. Contre cette doctrine, je ne vois pas d'objection sérieuse. Donc, si M. Longnon a raison, chez les

---

1. Alfred Holder, *Alt-Celtischer Sprachschatz*, art. *a-t-is*.
2. Longnon, *Atlas historique de la France*, texte explicatif, 1er livraison, p. 5 et 27.

Cocosates le nom de l'*oppidum* ne différait pas sensiblement de celui du peuple. Cette exception présumable pourrait bien ne pas être la seule. Il est vrai qu'aucun texte ne nous le garantit expressément. Mais je prie le lecteur de se souvenir que, dès une époque assez reculée du Haut-Empire, la localité de *Lactora* avait déjà donné naissance à l'expression *civitas Lactoratium*.

En voilà bien assez sur les temps de l'Aquitaine autonome. Passons donc à ceux qui concernent la domination des Romains en ce pays.

Durant cette longue période, les différences existantes entre les cités du temps d'Auguste et celles du Bas-Empire ne gisent pas uniquement dans le nombre de ces municipes. « Elles consistent aussi dans la substitution du nom de la ville, du chef-lieu de la cité à celui de la *civitas*. Mais pour les Trois Gaules ce changement est moins sensible pour la Province (Narbonnaise), car, vers la fin du IIIe siècle, par suite d'une coutume presque générale en Belgique, dans la Celtique ou en Aquitaine, les chefs-lieux de *civitas* avaient quitté leurs noms primitifs pour prendre celui même du peuple dont ils étaient le centre et en quelque sorte la personnification ; ainsi, pour en citer seulement quelques exemples, le nom de *Lutetia* fut remplacé par celui de *Parisii*, *Durocortum* par *Remi*, *Agedincum* par *Senones* et *Avaricum* par *Bituriges*, de sorte que la Notice des cités donne à quarante-six des cités des Trois Gaules le nom qu'elles portaient au temps de Tibère[1]. »

Quelle fut la cause d'un changement si notable d'habitudes? D'après M. Jullian, le phénomène dont je m'inquiète s'est produit par toute la Gaule « entre le commencement du IIIe et la fin du IVe siècle : partout la *civitas* et la peuplade et l'*urbs* ou la capitale ont reçu un seul et même nom ». Je n'hésite pas à regarder ce fait comme la conséquence de la mesure de Caracalla qui donna le droit de cité romaine à tous les habitants de l'empire. Cette mesure, en effet, eut pour résultat d'enlever toute sa valeur officielle ou juridique à l'expression de *civis* de n'importe quel municipe. On ne peut plus se servir de cette expression si l'on a quelque souci de la correction légale. » Il n'y a plus de *cives Convenae*, de

---

[1] Longnon, *Atlas historique de la France*, texte explicatif, 1re livraison, p. 18.

cives Ausci, etc. Il n'y a plus que des *cives Romani*, des Romains. Ce qui n'était autrefois que le pays des *Convenae*, des *Ausci*, etc., n'est plus maintenant qu'un district de l'État romain et un groupe de citoyens romains qui dépendent de *Lugdunum Convenarum*, (nom primitif du chef-lieu des *Convenae*), de *Climberrum Eliinberrum*, ou *Eliberre* (chef-lieu des *Ausci*), etc. La *civitas* ne sera désormais que le *territorium* ou le ressort administratif de la ville, et ville et territoire porteront le même nom. Cela se produira à partir du IIIe siècle pour la Gaule Chevelue parce qu'alors seulement elle reçut la pleine cité romaine. « Mais le même phénomène s'était produit bien plus tôt dans la Gaule Narbonnaise, depuis longtemps romanisée et colonisée. Déjà, à la fin du Ier siècle, on ne connaissait plus les cités des Volsques ou des Allobroges, on ne connaissait que le territoire des colonies de Nîmes ou de Vienne.

« Cette identification de la *civitas* et de l'*urbs* ne s'est pas produite partout de la même manière. Chez nous (à Bordeaux), le nom de l'*urbs Burdigala* a fait disparaître celui des *Bituriges Vivisques*, comme à côté, à *Agenuum*, Agen a supprimé celui des *Nitiobriges*. Presque partout, dans la Gaule Chevelue, c'est le contraire qui a eu lieu, le nom du chef-lieu a cédé la place à celui de la peuplade : *Cossio*, capitale des *Basates*, (*Vasates*) est devenu Bazas, *Vesuna*, capitale des *Petrocorii*, Périgueux ; *Mediolanum Santonum*, Saintes. Pourquoi cette différence ? On est tenté d'alléguer comme principale raison celle-ci : toutes les fois que le chef-lieu d'une *civitas* était, par sa situation juridique, politique ou historique, un foyer de vie romaine, c'est son nom qui a prédominé ; c'est ainsi que toutes les colonies romaines ou latines du sud-est ont conservé leur nom et chassé celui de la peuplade, que *Lugdunum* et *Nemausus* sont demeurés Lyon et Nîmes. Mais cette raison ne paraît pas pouvoir s'appliquer à toutes les villes par exemple, à Trèves, qui, quoique colonie (*col. Augusta Trevirorum*), a cependant pris le nom de la peuplade, les Trévires, à Agen, qui quoique ville sans influence romaine, a cependant imposé son nom ; à Bordeaux, qui a eu le même privilège qu'Agen. Pour Bordeaux, à la rigueur, on peut ne pas s'étonner ; les Bituriges Vivisques étaient une peuplade assez peu importante, un rameau détaché de la grande nation des Bituriges ; Bordeaux était tout dans la *civi-*

tas, en lui était concentrée l'activité de la *gens* ; il était moins le centre des Vivisques que le territoire des Vivisques n'était sa banlieue. Mais pour Agen, pour Trèves, pour les autres exceptions à la règle générale, il faut nécessairement chercher une autre raison, — que nous trouverons quand nous connaîtrons mieux l'histoire municipale de la Gaule et celle des *civitates*, — et encore, ce qui nous donnera peut-être la clef de maint problème, l'histoire rurale des *pagi*. En tous cas, je suis persuadé que ce mot n'est pas un simple usage, un pur hasard, qui a donné à chaque ville tel ou tel nom, mais qu'une loi, un règlement officiel du III° siècle, a déterminé l'appellation que toute cité devait recevoir [1]. »

Ainsi parle M. Jullian, avec sa pénétration habituelle. Le conseil final qu'il donne aux travailleurs limitant leur besogne à de médiocres territoires est surtout à retenir. Oui, l'annaliste provincial doit surtout s'attacher tour à tour à chacun des cas spéciaux et distincts. Au lieu de ramener de force, ainsi qu'on l'a fait tant de fois, à la règle acceptée comme générale tous les cas particuliers, il faut, au contraire, rechercher les dérogations, tâcher de s'en rendre compte le moins mal possible, et se taire autant de fois qu'on est en face de problèmes insolubles. C'est pour déférer à ce conseil que je constate sommairement ici, sauf à le prouver à suffisance dans un autre mémoire, qu'au temps du Haut-Empire, la cité *civitas Elloronensium*, nouvellement créée, tira son nom de son chef-lieu *Iluro*, mentionné dans une inscription antique et dans l'*Itinéraire* d'Antonin (Oloron). De même, sous le Bas-Empire, le chef-lieu d'une autre cité alors créée *Beneharnum*, mentionné aussi dans ledit Itinéraire, étendit son nom au municipe tout entier de la *civitas Benarnensium* (diocèse de Lescar, ou Béarn primitif). Il en fut aussi de même en ce temps-là d'*Aturae* ou Aire-sur-l'Adour, quand naquit la *civitas Aturensium*. Mais, encore une fois, je reviendrai amplement là-dessus en temps plus utile. Sur la fin de ce paragraphe, j'appelle l'attention du lecteur sur la terminaison *ensium*, caractéristique de la *civitas Elloronensium*, de la *civitas Benarnensium* et de la *civitas Aturensium*. J'ai déjà dit que la création du premier de ces municipes doit pas remonter mais pas très loin, dans le Haut-Empire, et que celle

---

[1]. JULLIAN, *Inscriptions romaines de Bordeaux*, II, 121-123.

des deux autres ne date que de la période suivante. Cette terminaison *ensium* caractériserait donc une façon de désigner les cités nouvelles; mais je n'ai pas évidemment à m'inquiéter de son emploi en dehors de mon domaine.

§ IV. Essai de localisation de plusieurs peuples de l'Aquitaine. — On a maintes fois tenté de localiser les peuples de l'Aquitaine autonome. Mais ces essais, dont le mérite est d'ailleurs assez variable, encourent tous à peu près le même reproche. Leurs auteurs croient à la possibilité, non seulement de localiser chez nous, en nombre variable, les peuples dont les noms nous sont parvenus, mais aussi de leur assigner des limites absolument précises. Sous prétexte que les *Elusates*, les *Ausci*, les *Tarbelli*, les *Vasates*, les *Bigerriones*, les *Boii*, de l'époque autonome ont, sous le Bas-Empire, transmis chacun son nom à une cité, ils leur assignent un territoire égal à celui de ces divers municipes, qui seraient, d'après la doctrine courante, représentés par les diocèses primitifs auxquels les dites cités donnèrent naissance. Or, sous le Bas-Empire, le nombre des cités de la province de Novempopulanie s'élevait à douze. De ce chiffre défalquons la *civitas Convenarum* et la *civitas Consorannorum*, représentant les pays des anciens *Convenae* et *Consoranni* enlevés par Auguste à la Province romaine, et plus tard attribués à la Novempopulanie. Restent, pour représenter le sol de l'ancienne Aquitaine autonome, dix cités, dont six sont censées équivaloir aux territoires des six peuples susnommés de l'époque autonome. Et comme ces peuples atteignaient alors environ le chiffre de vingt-sept peuples aquitains, nous n'aurions plus, pour faire les lots des vingt-un autres, que les trois territoires de la *civitas Lactoratium*, de la *civitas Aturensium* de *civitas Turba ubi castrum Bigorra*, et de la *civitas Benarnensium*.

Ramenée légitimement à ces termes, l'absurdité de la doctrine de mes prédécesseurs saute aux yeux. C'est en vingt-sept, et non en dix, qu'il faut partager notre territoire fixe et invariable. Sans doute, bon nombre de ces peuples coparlageants peuvent être localisés, tantôt avec certitude, tantôt avec plus ou moins de probabilité. Mais là s'arrête notre pouvoir. Quant aux limites exactes de ces petits États, nous n'en saurons jamais rien. Résignons-nous donc à ne les tracer jamais, sous peine de méconnaître une règle bien connue de l'arithmétique, à savoir que le chiffre du dividende restant fixe, celui du quotient devient d'autant plus faible que celui du diviseur est plus fort.

Maintenant, tâchons de reconnaître, dans la mesure du possible, la situation d'un certain nombre de peuples de l'Aquitaine autonome. En me livrant à ce travail, je compte donner, au sujet de chacun d'eux, toutes les appellations fournies par les textes de l'antiquité, depuis l'aurore des temps historiques jusqu'à la fin de la domination romaine dans le sud-ouest de la Gaule. Il est absolument certain que plusieurs de ces termes similaires de géographie ne désignent pas toujours un territoire absolument identique aux temps de l'Aquitaine indépendante, du Haut et du Bas-Empire. Mais les difficultés résultant de ces similitudes de noms réclament, selon les trois périodes dont s'agit, autant d'examens distincts et séparés. Il demeure bien convenu que, dans un autre mémoire je ne m'exempterai pas d'un devoir si important.

Ceci dit, je constate que, dans la liste plus haut fournie des peuples de l'Aquitaine autonome, on peut agencer en trois groupes ces vingt-sept éléments géographiques.

Au premier groupe, comprenant tous les peuples dont la situation peut être indiquée avec pleine certitude, appartiennent les *Ausci*, les *Boii* ou *Boates*, les *Bigerriones*, appelés aussi *Beyerri* et *Bigerri*, les *Elusates* les *Tarbelli*, et les *Vasates*.

Ausci. — *Ausci*, Caes. Bell. Gall., III, 27; Mela, De sit. orb. III, 2; Amm. Marcell. Rer. gest., XV, 28. — *Civitas Auscius*, Itner. Hierosolymit. *Civitas Ausciorum*, Not. provinc. — *Auscenses*, Sidon. Apollin. 7, Epist. 7. — Αὔσκιοι, Strab. Geogr., IV, II, 1, 2. Αὔσκιοι, καὶ πόλις Αὐγοῦστα, Ptolém. Geogr., II, 7. — Le chef-lieu de cette cité est nommé *Climberrum* ou *Elimberrum* par Pomponius Mela, et *Eliberre* par la Carte de Peutinger. Il s'agit évidemment ici de l'*oppidum* des *Ausci*, lequel devait porter, au temps de l'indépendance aquitanique, un nom qui persista longtemps dans l'usage, durant la domination romaine. L'Αὐγοῦστα de Ptolémée est la dénomination officielle du chef-lieu du municipe des *Ausci* sous le Haut-Empire. A l'époque autonome, ce peuple occupait incontestablement Auch et le territoire adjacent. Mais aucun texte n'autorise à tracer exactement les limites de ce domaine.

Les *Ausci* du temps de l'Aquitaine indépendante transmirent donc leur nom à un municipe romain. Ils habitaient

Auch, avec un territoire plus ou moins grand. M. Longnon a pris sur lui d'en indiquer les limites, comme ceux de divers autres peuples du sud-ouest de la Gaule. Mais je me borne à constater, une fois pour toutes, qu'en cas pareils, ce géographe n'invoque et ne peut invoquer aucun texte probant. Donc cette portion de sa doctrine reste purement conjecturale.

BIGERRIONES, BEGERRI, BIGERRI. — *Bigerriones*, Caes. Bell. Gall., III, 27. *Begerri*, Plin. Nat. Hist., IV, 33 (19). — *Bigerri pelliti*, Paulin. ad Auson. 10, 248. — *Bigerrica* ou *Bigerriga vestis*, Sulpic. Sever. 2, Dial., et Venant. Fortunat., Vit. Martin. 3, 49. — *Bigerricus turbo*, le vent qui souffle du Bigorre, Sidon. Appollin. 8, Epist. 12. — *Bigerritanus, a, um*, adj., *in fundo patriae Bigerritanae*, Auson. Epist. 11, in fine. — Le nom du pays des *Bigerriones* survit évidemment dans le Bigorre actuel. Mais tout porte à croire qu'au temps antéromain, le domaine de ce peuple devait être moindre que la *civitas Turba ubi castrum Bogorra* (et non *Bigorra*) la *Notitia provinciarum*, et que l'ancien diocèse de Tarbes.

BOII ou BOATES. — *Vocates* (pour *Boates*), Caes. Bell. Gall., III, 23 et 27. — *Boios*, accusatif de *Boii*, dans l'Itinéraire d'Antonin : *Boios — Burdigalam* : mpm. XV. — On trouve aussi ces *Boii* à l'accusatif : *picros Boios*, dans Paulin de Nole, Carmin. (Epistol. 3), 239, — 4, *Civitas Boatium*, Notit. Prov. : BOI*ius* [1], CIVES (pour CIVIS) BOIAS [2].

M. Jullian n'hésite pas à reconnaître les *Boii* dans les *Vocates* de César. Les formes intermédiaires, *Boates* et *Bocates* nous sont, dit-il, données par une inscription (v. ci-dessous, note 2), et par le texte de Pline. « Les lettres *b* et *v* alternent constamment, comme on sait ; quant à la lettre *c* entre les deux premières syllabes, il n'y a peut-être pas à s'en inquiéter, car le *c* a pu s'aspirer entre deux voyelles. D'ailleurs, nous verrons au moyen âge réapparaître la voyelle, disparue pendant deux siècles, et l'on appellera *Bogium* le pays de Buch. » M. Jullian se demande ensuite s'il faut voir, dans les *Sediboviates* de Pline, dont il sera question plus bas, les *Boii* ou *Boates*. Néanmoins, il préfère croire que c'est dans le nom des

---

1. *Iori Optimo Maximo* | BOI*eus* (?) TERTIVS VNIAGI*Filius* EX TESTamento PONi IVSSIT MATV | GENVS ET MATV | TO *Filii Curaverunt*. BLADÉ, *Epigr. antique de la Gascogne*, n° 139.
2. *Diis Manibus* | SATVRNINI PRIVATI | IVL*ia pri*|mA LOCVCVM | DONAVIT | CIVES BOIAS | AN*norum* XXXVII. Ib., *Ibid.*, n° 140.

Basabocates qu'on doit plutôt le chercher, car il peut se décomposer en « *Basates, Bocates* ». Les *Basates* sont les Bazadois, les *Bocates* sont la *civitas Boiorum*[1].

Il est clair que je ne dois m'occuper ici des *Boii* que comme peuple de l'Aquitaine autonome. Ce qui concerne leurs destinées sous le Haut et Bas-Empire, trouvera sa place ailleurs. Je ne puis pourtant m'empêcher de dire que le territoire de cette nation devait équivaloir, devant l'époque autonome, à la *civitas Boatium* de la *Notitia provinciarum*. M. Longnon donne à cette *civitas* tout le Bassin du petit fleuve côtier de la Leyre. Ce territoire aurait été partagé plus tard entre les diocèses de Bordeaux, de Bazas et de Dax[2]. Cette opinion me séduit par sa vraisemblance.

ELUSATES. — *Elusates, ium*, Caes. Bell. Gall., III, 27; Plin. Nat. Hist., IV, 33, 1 ; Inscript.[3], concile d'Arles, tenu en 314, souscrivit l'évêque Mamertinus, *ex civitate Elusatium*. La Notice des provinces porte *Metropolis civitas Elusatium*. — *Elusa*, la ville d'Eauze, Tab. Peuting.; Claudian. In. Rufin., 137 ; Ammian. Marcell. Rer. gest., 15, 11, 14 — *Elusani*, les habitants d'Eauze, Sidon. Apollin.,7, Ep. 6.

Certains érudits ont cru qu'Eauze était nommée dans un passage où Cicéron parle de six deniers d'impôt levé sur le vin transporté d'*Elesio* à l'étranger (*ad hostem*)[4]. D'après ces savants, *Elesio* serait *Elusa* ou Eauze. Mais ils n'ont pas réfléchi que l'Aquitaine n'était pas encore soumise, et que Cicéron parle clairement d'*Elesio* comme d'une localité comprise dans la Province romaine. C'est donc là qu'il faut la chercher, et je suis heureux que cette besogne ne rentre pas dans mes devoirs.

Il va de soi que les *Elusates* étaient groupés autour d'*Elusa*; mais aucun texte ne nous renseigne sur les limites de leur territoire.

---

1. JULLIAN, *Inscriptions romaines de Bordeaux*, II, 189-193.
2. LONGNON, *Atlas historique de la France*. Texte explicatif, 1re livraison p. IV.
3. DOMVi divinae coLONIAE ELVSATIVm | ORDINi sanctissimO) ET PLEBI OPTIMAE | PIISsimaeque et habenti decem inVICTVM PROPITIVM | M. POMpeius (?.... inNOCENTISSIMVS. BLADÉ, *Epigr. antique de la Gascogne*, n° 9. — ...ene Flamini romae | ET AVGusti II VIRo | Quaestori ORDO ELVATATium. Ib., *Ibid.*, n° 11.
4. Neque Tolosani ire vellent, Elesio Doluscantum senos denarios ab iis qui ad hostem portarent exegissent. CICER., *Pro Fonteio*, V, edit Mueller, p. 24, dans la coll. Teubner. Le présent texte est le plus ancien, celui du manuscrit du Vatican.

TARBELLI. — *Tarbelli*, Caes. Bell. Gall., III, 27, 1. *Tarbelli Quattuorsignani*, Plin. Nat. Hist., IV, 19 (33); Id., IV, 32, 2 (2). — *Tarbella mater*, Auson. Parent. II, 2. — *Tarbellus, a, um*, adj., *Tarbella Pyrene*, Tibull., I, 7, 10. — *Tarbellius, a, um*, adj., *Tarbellius Aturus*, Lucan. Phars, I, 421. — *Tarbellicus, a, um*, adj., *Tarbellicus Aturus*. Auson. Mosell., 468; *Tarbellica arca*, Id., Ep. 24, 125; *Tarbellica origo*, Id., Profess. 16, 7. — Τᾑ ὡς (Βιτουρίγων) μέχρι τῆς Πυρήνης τοῦ ὄρους Ταρβέλλοι, καὶ πόλις αὐτῶν Ὕδατα Αὐγοῦστα, Ptolém. Geogr. II, 7. Ici, Ptolémée commet une erreur évidente en plaçant les *Tarbelli* au sud des *Bituriges Vivisci*. L'ensemble des documents dont nous disposons les placent, en effet, le long de l'Océan, entre les *Boii* et les *Vasates* du côté du nord, et les Pyrénées occidentales du côté du sud. Le chef-lieu de la cité des *Tarbelli*, sous le Haut-Empire était Ὕδατα Αὐγοῦστα de Ptolémée, *Aquae Augustae Tarbellicae*. Cette localité est aujourd'hui incontestablement représentée par la ville de Dax (Landes). Il est à croire qu'au temps de l'indépendance aquitanique, ledit chef-lieu devait être déjà, sous un nom qui ne nous est point parvenu, le principal oppidum des *Tarbelli*.

Pline applique à ce peuple le nom de *Tarbelli quattuorsignani*, lequel est à rapprocher de celui des *Cocosates sexsignani* mentionnés par le même auteur. Selon toute vraisemblance, ces *Cocosates* devaient être un peuple client des *Tarbelli*. Les mots *quattuorsignani* et *sexsignani* ont été diversement expliqués par les érudits. Certains ont prétendu qu'il avait fallu quatre cohortes pour réduire les *Tarbelli*, et six pour soumettre les *Cocosates*. Cette hypothèse est inadmissible. Nous savons, en effet, que Crassus opéra la conquête de l'Aquitaine tout entière avec la sixième légion renforcée d'auxiliaires venus de la Province romaine. La conquête du pays des *Tarbelli* et des *Cocosates* ne fut donc pas le résultat de deux entreprises distinctes, dont l'une aurait exigé l'emploi de quatre cohortes, et la seconde, de six. Sauf quelques nations éloignées *(paucae ultimae nationes)*, tous les peuples de l'Aquitaine, et notamment les *Tarbelli*, se soumirent à P. Crassus après une grande et définitive bataille (56 av. J.-C.). Remarquons, en outre, qu'en acceptant cette doctrine, quatre cohortes auraient suffi pour avoir raison d'un peuple aussi puissant que les *Tarbelli*, tandis qu'il en aurait fallu six pour avoir raison d'une tribu aussi obscure et aussi faible que les *Cocosates*, lesquels étaient très vraisemblablement des clients des *Tarbelli*. Il n'y a donc pas à insister davantage sur cette étrange explication. En voici une autre et bien autrement probable. Dans les pays des *Tarbelli* et des *Cocosates* auraient séjourné plus ou moins longtemps, et pour des raisons de nous inconnues, quatre cohortes d'une part, et six de l'autre, en tout dix, ce qui est précisément le chiffre dont se composait une légion. Est-il besoin de citer ici des exemples d'autres peuples ou municipes romains qui tirèrent leurs surnoms de circonstances similaires? Donc, il dût probablement en être ainsi pour les *Tarbelli* et les *Cocosates*. Quant à ces surnoms, je crois qu'ils pourraient bien remonter aux premiers temps de la domination romaine. Les deux peuples dont s'agit ne sont, en effet, mentionnés que par Pline. Or, tous les érudits s'accordent à reconnaître que, dans sa description de la Gaule, cet auteur a utilisé des documents antérieurs à la nouvelle organisation de ce pays par le fils adoptif de Jules César (27 avant J.-C.). A ce compte, les surnoms de *quattuorsignani* et de *sexsignani* témoigneraient, pour un temps indéterminé, compris entre 56 et 27 avant J.-C., de la présence d'une légion sur les territoires des *Tarbelli* et des *Cocosates*.

Quel était le territoire des *Tarbelli*? La réponse n'est pas difficile, puisque de l'ensemble des textes précités de Tibulle, de Lucain, de Ptolémée et d'Ausone, il résulte que ce peuple s'étendait le long de la mer, depuis les Pyrénées au sud jusques et y compris le Bassin de l'Adour du côté du nord, autrement dit jusqu'aux pays des *Boii* et des *Vasates*. Notez que cette extension avait lieu à une assez grande profondeur dans les terres. J'ai montré, en effet, dans un autre mémoire, que sous le Haut-Empire, la cité augustale des *Tarbelli* engloba d'abord tous les territoires représentés, sous le Bas-Empire par la *civitas Aquensium*, la *civitas Elloronensium*, la *civitas Aturensium*, et la *civitas Benarnensium*, autrement dit les diocèses de Dax, de Bayonne, d'Oloron, d'Aire et de Lescar, à peu près tels qu'ils existaient encore au moment de la Révolution. Ceci permet bien d'affirmer, ce me semble, qu'à l'époque de l'indépendance aquitanique, les *Tarbelli* devaient compter comme clients divers peuples de moindre importance, et notamment les *Cocosates*, les *Oscidates campestres* les *Oscidates montani* et les *Sibyllates*. Nous verrons, en effet, que le second de ces peuples devait se trouver au-dessous de la vallée d'Ossau (Basses-Pyrénées), et le troisième dans ladite vallée c'est-à-dire dans le futur évêché de Béarn ou Lescar. Nous verrons aussi que les *Sibyllates* devaient occuper la vallée de Soule, comprise dans le diocèse d'Oloron. Nous constaterons aussi, d'après la doctrine courante, que les *Cocosates* occupaient très probablement le territoire aujourd'hui représenté par Lespéron et Sindères (Landes), et les contrées environnantes. Peut-être la liste de ces peuples clients n'est-elle pas ainsi épuisée. Mais il serait impossible de pousser plus loin ces recherches sans tomber dans les assertions gratuites.

Vasates. — Peut-être ferais-je mieux d'écrire *Basates*, comme l'a fait M. Jullian, *civitas Basatium*. « Nous conserverons, dit-il, pour le nom ancien de Bazas, l'orthographe la plus anciennement donnée, celle des *Basates* par un *b* ; mais, comme on le verra plus loin, l'orthographe courante, à partir du IVe siècle, tout au moins, peut-être depuis plus longtemps, était *Basates* [1]. »

Vasates, Plin. Nat. Hist., IV, 33 (19), 108. Auson. Parental., 24, v. 78 ; Id., Edyll. v. 4 (Epicedion, 24) ; Id. lectori, 5. — *Vassatis*, au génitif, *Vassatis medici*, Auson. Gratiar. actio, ms. de Leyde de Vossianus, lot. Q 107, etc.— *Vasatae*, Amm. Marcell., Rer. gest., XV, 11. — *Arenosos Vasatas*, Paulin. Carm. 18, 247-248. Cf. Auson., édit. Peiper, p. 308. Sidoine Apollinaire parle aussi du pays sablonneux des *Vasates*, Epist. 8, 12 : *Tantumne Vasatium non cespiti imposita, sed pulcra Urbs Vasatis*, Paulin. Eucharistic., v. 332. — *Civitas Vasatus*, Itiner. Hierosolym. — *Civitas Vasatica*, Notit. Provinc. C'est l'adjectif *Vasaticus a, um*, qu'on retrouve dans *Vasatica raeda*, Auson. Epistol. 17, 18. — Ὑπὸ δὲ τούτους (Νιτιοβρίγας) Οὐάσσιοι, καὶ πόλις Κόσσιον, Ptolém. Geogr., II, 7, 11. Ptolémée commet ici une erreur sur la situation de ce peuple. Les *Vasates*, en effet, n'étaient pas établis au sud des *Nitiobriges*, mais bien des *Bituriges Vivisci*. Le nom de Κόσσιον, leur *oppidum*, recueilli en grec par Ptolémée, se retrouve en latin dans *Cossio Vasatum*, Auson. Parental., 24, v. 8.

Il n'y a pas de doute, dit M. Jullian, qu'on ne doive reconnaître les Bazadois dans les *Basabocates* de Pline, soit

---

[1]. Jullian, *Inscriptions romaines de Bordeaux*, II, 171,

qu'il faille corriger ce nom en « *Basates, Bocates* », ce qu'admet notre érudit, « soit qu'il faille supposer que la cité dont s'agit fut formée à l'origine mi-partie de *Basates*, mi-partie de *Bocates* ou *Boiates* [1] ».

Les *Vasates* de l'Aquitaine autonome occupaient donc autour de Bazas un territoire dont aucun texte antique ne nous permet de déterminer l'étendue. Il sera prouvé, dans un autre mémoire que la *civitas Vasatica* du Bas-Empire et le diocèse de Bazas, auquel elle donna naissance, s'étendaient sur les deux rives de la Garonne. Je confesse avoir soutenu le contraire dans ma *Notice sur la Vicomté de Bezaume* et déclaré que l'évêché primitif de Bazas était situé tout entier sur la rive gauche du fleuve. Mais mon argumentation a le tort de reposer exclusivement sur deux chartes concernant la ville de La Réole. Jusqu'ici tous nos érudits avaient accepté ces chartes comme authentiques. Mon ami M. Imbart de la Tour est en train d'en prouver la fausseté. Ainsi croule toute cette partie de mon ancienne argumentation.

Dans le second groupe des peuples de l'Aquitaine autonome, je range ceux dont la situation ne peut être indiquée qu'avec plus ou moins de probabilité. Ce sont les *Belendi*, les *Cocosates*, les *Garumni*, les *Oscidates campestres*, les *Oscidates montani*, les *Sottiates* ou *Sontiates*, et les *Tarusates*.

BELENDI. — *Belendi*, peuple uniquement signalé par Pline. Nat. Hist., IV, 33 (19). On l'a conjecturalement localisé à Belin (Gironde) le *Belinum* des documents du moyen-âge, que certains érudits rapprochent du nom gaulois *Belinus* ou *Belenus*. Quoi qu'il en soit, Belin est un lieu très anciennement habité [2]. On y a découvert des antiquités, et il était traversé, dit-on, par une voie romaine. « Oublié par les auteurs qui ont suivi Pline, son *castrum* apparaît subitement célèbre dès le XI° siècle dans l'histoire et dans la légende [3] et le faux Turpin y fait enterrer les compagnons de Charlemagne [4]. Bien entendu, il ne reste rien des tombes et des épitaphes de ces héros légendaires, et au surplus Belin n'a fourni jus-

---

1. ID., *Ibid.*, II. 151.
2. JOUANNET, *Statistique du département de la Gironde*, 24.
3. V. CIROT DE LA VILLE, *Histoire de Saint-Seurin*, 187; DROUYN, *Guienne militaire*, I, p. XLVIII.
4. Apud Belinum sepelitur Oliverus et Gaudebodus rex Frisiæ, et Ogerius rex Daciæ, et Arastagnus rex Britanniæ, et Garinus, dux Lotharingiæ, et alii multi. TURPIN, *Histor. Karol.*, § 29.

qu'ici aucune inscription, aucun vestige de son passé gallo-
romain; il y a bien longtemps, en effet, qu'on a cessé d'at-
tribuer aux *Belendi* les monnaies gauloises signées BELINOC
et BIIINOS: attribution due au marquis de Lagoy[1], acceptée
par Duchalais, mais complètement abandonnée depuis et
avec raison, car *Belinos* et *Brennos* sont, sur ces monnaies,
des noms d'honneurs[2] ».

COCOSATES. — *Cocosates* Caes Bell. Gall., III, 27. *Coco-
sate Sexsignani*, Plin. Nat. Hist..., IV, 33 (19). — A propos
des *Tarbelli*, je me suis déjà partiellement expliqué sur le
premier de ces peuples, et notamment sur son surnom de
Sexsignani. L'Itinéraire d'Antonin signale sur la route
d'*Aquae Tarbellicae* (Dax) à *Burdigala* (Bordeaux), la
localité de *Coequosa* sise à M. P. XVI d'*Aquae Tarbellicae*.
M. Longnon indique l'emplacement actuel de *Coequosa* entre
Lespéron et Sindères (Landes), à 5,500 mètres de chacun de
ces villages. « Les *Cocosates*, dit-il, tiraient évidemment leur
nom de la principale localité du pays, et celle-ci, *Cocosa*,
n'est sans doute pas différente de *Coequosa*, que l'Itinéraire
indique sur le parcours de la route de Bordeaux à Dax, et qui,
selon toute apparence, était située sur la limite de la *civitas
Boatium* et de la *civitas Aquensium*. Les *Cocosates* seraient
ainsi une peuplade cliente des *Tarbelli*[3]. »

Ceci me semble assez vraisemblable; mais, en ce cas, il faut
bien convenir que le nom des *Cocosates* était sensiblement
le même que celui de leur oppidum *Coequosa*. Ceci consti-
tuerait donc une des rares exceptions à la règle générale qui
veut qu'à l'époque autonome l'appellation de chaque peuple
de la Gaule fût distinct de celui de son principal oppidum.

GARUMNI. — *Garumni*, peuple uniquement signalé par César,
Bell. Gall., III, 27. — Ici, je crois devoir renvoyer le lecteur
à ce que j'ai déjà écrit là-dessus dans mon travail sur *Les
Convenae et les Consoranni*.

OSCIDATES CAMPESTRES et OSCIDATES MONTANI. — Il me semble

---

1. De LAGOY, *Revue numismat.*, VII, 121-127.
2. JULLIAN *Inscriptions romaines de Bordeaux*, II, 138-139. — Sur les destinées de Belin, surtout dans la géographie ecclésiastique, V. VALES, 254 (Belin) p. 55; d'ANVILLE, p. 147; BACREIN, *Variétés Bordeloises*, III, 238 ; EXSILLY, au mot *Belendi*, place ce peuple à Balizac canton de Saint-Symphorien (Gironde) ; Desjardins (*Gaule romaine*), I, 371, regarde ces identifications comme une « fausse analogie » et place les *Belendi*, au pied des Pyrénées. Mais qui comptera les erreurs et témérités de Desjardins ?
3. LONGNON, *Atlas histor. de la France*. Texte explicatif, 1re partie, 5 et 27.

bon de réunir dans une même notice, les *Oscidates campestres* et les *Oscidates montani*, uniquement signalés par Pline, Nat. Hist., IV, 33 (19). Leurs territoires étaient évidemment contigus. Et comme les seconds habitaient la montagne, et les premiers les plaines sous-jacentes, il faut évidemment chercher leurs domaines respectifs dans une portion du versant nord des Pyrénées aquitaniques et dans la basse région qui l'avoisine. Certains érudits, toujours influencés par de vagues apparences homophoniques, placent les *Oscidates montani* dans la vallée d'Ossau (Basses-Pyrénées), et les *Oscidates campestres* dans les plaines sous-jacentes qui devaient former plus tard une portion du Béarn.

Pour bien juger de cette opinion, il faut d'abord être fixé sur les dénominations anciennes et authentiques de la vallée d'Ossau.

Valis Ursaliensis, 1127 (Réform. de Béarn, Arch. des Basses Pyrénées B. 844). — *Orsal*, 1170 (ch. de Barcelone, d'après Marca, Hist. de Béarn, p. 465 et 1471). — *Arcidiagonat d'Ossau*, 1249. (Not. d'Oloron, n° 4, f° 50). — *Ursi-Saltus*, 1270 (ch. d'Ossau).

Ces citations prouvent à suffisance que la vallée dont il s'agit tire son nom des ours (*osso* en vieux béarnais), qui l'infestaient autrefois, et qui n'en ont pas encore complètement disparu. Il n'y a donc pas lieu de se prévaloir de la quasi-homophonie invoquée, pour donner la vallée d'Ossau aux *Oscidates montani*, et les plaines sous-jacentes aux *Oscidates campestres*.

D'ailleurs, ces considérations erronées deviendraient encore plus nulles, si l'on devait prononcer le nom de ces peuples en donnant au *c* qui s'y trouve le son d'un *q*, et non celui d'une *s* répétée. Cette hypothèse n'a certes rien de répugnant.

Néanmoins, et malgré cette critique des raisonnements de mes devanciers, je ne vois pas moyen de placer autrement qu'eux les deux peuples dont s'agit. Et pourquoi? Parce qu'il faut placer les *Oscidates montani* sur le versant nord des Pyrénées, dont les *Bigerriones*, les *Sibyllates* et les *Tarbelli* occupaient à peu près la totalité, sauf précisément la vallée d'Ossau. Ce n'est donc guère que là qu'il nous est permis de chercher les *Oscidates montani*. En ce cas, il faudrait donner forcément les plaines sous-jacentes aux *Oscidates campestres*.

SIBYLLATES. — *Sibyllates*, peuple exclusivement signalé

par Pline, Nat. Hist., IV, 33 (19). — Nos érudits placent volontiers cette nation dans la vallée de la Soule, et je ne vois rien à objecter contre cette opinion. Voici les autres formes anciennes du nom de la Soule : *Vallis Subola*, Fredeg. Chron. LXXXVIII. — *Vallis Sobola*, Aimon. De Gest. Franc., IV, 28. — *Soula*, x⁰ siècle, Ch. de Navarrenx, cartul. de Bigorre. — *Vicecomitatus de Sola*, Hist. génér. de Languedoc, II, pr. col. 162. — *Solla*, 1120, *Seula*, xiiᵉ siècle, Coll. Duchesne, vol. CXIV, fol. 33 et 34. — *Seule*, milieu du xiiᵉ siècle Cartul. de Bayonne, f⁰ 10. — *Arcidiagonat de Sola*, 1249, Not. d'Oloron, nᵒ 4, f⁰ 50. — *Soole*, 1391, Not. de Navarrenx. — *Sole*, 1454, Ch. du chap. de Bayonne. — *Le pays de Solle*, vers 1480, Contrats d'Ohix, f⁰ 12. — *Les habitants de Sole*, 1520 Coutumes de Soule. — On dit, en basque, *Suberoa*.

SOTIATES — ΣΟΤΙΟΤΑ, médailles authentiques de l'Aquitaine autonome. — *Sotiates*, Caes. Bell. Gall., III. 20 et 21 Sotiates, Plin. Nat. Hist., IV, 33 (19). — *Sontiates*. Oros. Hist, VI, 8. — Σοντιάτες, version grecque de César. Σοντιάται (variantes, Σοτιάται, Ἀσιάται, Ἀσπιάται), Dio. Cass. Hist. Rom., VI, sec. 54. — Pour l'oppidum des *Sotiates*, que l'immense majorité prétend retrouver dans le bourg actuel de Sos (Lot-et-Garonne), *Scittio* dans le manuscrit de l'Itinéraire Hiérosolymitain de Paris, et *Sottio* dans celui de Vérone.

On a beaucoup discuté sur l'emplacement des *Sotiates*. Les uns les placent au midi de l'Aquitaine, le long des Pyrénées, d'autres à Aire (Landes), d'autres à Lectoure (Gers), dont le territoire confinait à la Province romaine, le plus grand nombre à Sos (Lot-et-Garonne), sur la lisière des Landes. J'aurais trop à faire si je voulais exposer et discuter ici toutes les opinions de mes devanciers. La chose serait d'ailleurs d'un profit plus que médiocre. C'est pourquoi je constaterai simplement de ce chef, avec mon compatriote et ami, M. Eugène Camoreyt, de Lectoure, que tous nos savants contemporains, sauf lui, se sont prononcés en faveur de Sos. Sans le moindre patriotisme de clocher, M. Camoreyt tient pour notre ville natale, et il s'est expliqué là-dessus à suffisance, dans sa brochure intitulée *L'emplacement de l'oppidum des Sotiates*. Voici le résumé de son argumentation.

Raisonnant au point de vue militaire, M. Camoreyt constate que les *Veneti* s'étaient révoltés contre César. Celui-ci, craignant qu'ils ne fussent secourus par les Aquitains, dépêcha contre eux son jeune légat Publius Crassus. Il est prouvé que le chef de cette expédition partit du pays des *Andegavi* (Anjou) vers le sud-ouest de la Gaule avec douze cohortes, soit environ 7,000 fantassins, et une nombreuse cavalerie. Avant d'entrer en pays ennemi, ce corps se renforça d'auxiliaires courageux, les uns à pied, les autres à cheval, venant de Toulouse et de Narbonne, sises dans la Province romaine. En tenant compte de toutes les habitudes militaires du temps, le corps commandé par Crassus ne pouvait être inférieur à 12,000 hommes.

Mais où ce légat fut-il rallié par les auxiliaires venus de la Narbonnaise? Avant M. Camoreyt, on pensait généralement que la chose avait eu lieu dans le pays des *Nitiobriges* (Agenais primitif), établis sur l'une et l'autre rive de la Garonne. Un de leurs rois, Ollovicon, avait reçu le titre d'ami du sénat de Rome. Les envahisseurs auraient usé de cette facilité pour prendre par l'Agenais, y traverser la Garonne sans combat et se diriger ensuite vers l'ouest, dans la direction de Sos, oppidum présumé des *Sotiates*.

A cela, M. Camoreyt répond qu'il n'y avait pas à se fier autant que cela aux *Nitiobriges*. La preuve, c'est que Teutomat, fils d'Ollovicon, et roi après lui des *Nitiobriges*, prit le parti de Vercingétorix. Qui donc peut garantir qu'en 56 avant J.-C., date de l'expédition de Crassus, Teutomat ne se fut pas déclaré contre les Romains? Mais alors, que deviennent ces prétendues facilités stratégiques à travers le pays des *Nitiobriges*? Et puis, il est certain que César, s'étant plus d'une fois trouvé dans une situation analogue à celle de son légat, alla toujours chercher dans la Narbonnaise les secours dont il avait besoin, au lieu de les en faire venir, pour opérer ensuite dans le nord de la Gaule. D'ailleurs, à l'aspect de l'ouest, la Province romaine confinait à la portion de l'Aquitaine représentée sur cette ligne par le territoire de la future *civitas Lactoratium*. Pourquoi Crassus ne serait-il donc pas entré par là? Pourquoi supposer que ce général ait renoncé, en cas d'insuccès, à battre au plus près en retraite vers la Narbonnaise? L'issue malheureuse d'une entreprise pareille, celle de L. Manlius (78 av. J.-C.), était pourtant faite pour lui conseiller la prudence.

M. Camoreyt argumente aussi de la situation du plateau de Sos, où tant de savants placent l'oppidum des *Sotiates*, alors défendu par leur roi Adietuanus, assiégé et pris par le légat de César. Or, ledit plateau, relié par un isthme à d'autres hauteurs, ne s'élève au-dessus de la rivière de la Gélise que de 60 mètres. Sa superficie n'est que de 14,000 mètres carrés. Or, les habitudes du temps sont connues. Réduit à cette contenance, l'oppidum ne pouvait même pas servir de refuge à douze mille âmes, hommes faits, femmes, vieillards et enfants. Donc, il n'y avait guère là que trois mille hommes en état de porter les armes. Et c'est avec un contingent si faible que les *Sotiates* auraient par deux fois livré bataille, comme le raconte César, aux douze mille soldats de Crassus.

Telles sont les principales objections tirées de l'ordre militaire. Viennent ensuite les arguments historiques.

L'Itinéraire hiérosolymitain mentionne entre la *mutatio Oscineo* et la *civitas Elusa*, une localité appelée *Scittio* dans le manuscrit de Paris, et *Scotio* dans celui de Vérone. Et comme Sos se trouve dans cette région, les érudits s'en prévalent pour identifier ce bourg avec l'oppidum *Sotiatum*, et ils écrivent *Sottio*. Il n'est pourtant pas absolument sûr que le mot *Scittio* du manuscrit de Paris, qui représente bien Sos, doive être corrigé en *Scittio*. Mais, étant donnée la forme du nom de Sos durant le moyen-âge, on peut admettre avec d'Anville qu'au moins sur le manuscrit de Paris, un *o* mal formé a été décomposé en *ci* par le copiste, et qu'il y avait *Sottio* sur l'original de l'Itinéraire hiérosolymitain qui date du siècle.

Pourtant les *Sotiates* disparaissent nominativement de l'histoire au Ier siècle de notre ère. Pline est le dernier qui les mentionne, et à coup sûr d'après des renseignements qui remontent tout au moins au commencement du règne d'Auguste. Or, il est de doctrine courante que, dans les petits États de l'Aquitaine, comme du reste de la Gaule au temps de la conquête romaine, les noms des peuples étaient très généralement distincts de ceux de leurs *oppida* ou chef-lieu respectif. Celui des *Sotiates* devait donc avoir son appellation spéciale. Ce n'est qu'à dater de la fin du IIIe siècle que bon nombre de cités gauloises abandonnent leurs anciens noms de peuples pour prendre ceux de leurs *oppida* chefs-lieux respectifs, tandis que le surplus, au contraire, étend aux territoires tout entiers de ces municipes les noms de leurs capitales. Or, il est prouvé que jamais les *Sotiates* ne formèrent une cité romaine. Il est également démontré qu'à une époque reculée du Haut-Empire, le territoire de Sos était compris dans la *civitas Elusatium* [1]. Le nom spécial et inconnu de l'oppidum des *Sotiates* n'a donc jamais pu être effacé par celui de ce peuple.

Pour ces raisons, M. Camoreyt se prononce à nouveau contre Sos. Ses préférences sont pour Lectoure, et en voici les motifs.

Lectoure et son territoire, je l'ai déjà dit, confinaient à la Narbonnaise. C'était donc par là qu'il était tout naturel d'attaquer, au lieu de prendre par le pays des *Nitiobriges*, pour aller faire la guerre dans un pays relativement lointain, pauvre, et défendu par un misérable *oppidum*, le pays des *Sotiates* de l'immense majorité des érudits. A Lectoure, en effet, se trouve un promontoire réuni du côté du levant aux grands plateaux qui sont entre la rive droite du Gers et la rive gauche de l'Aurone, par une sorte d'isthme large de 250 mètres à peine. « Tout le reste du plateau est bordé par une ceinture de rochers formant une défense naturelle de 100 mètres au-dessus de la plaine. La superficie du plateau ainsi formé est d'environ 680,000 mètres carrés. Il ne fallait pas moins d'espace pour contenir le grand nombre d'habitants, de chevaux etc., qu'on doit admettre d'après le récit de César, dans l'oppidum des *Sotiates*, au moment du siège. » J'ai déjà dit que, d'après M. Camoreyt, l'armée de Crassus ne pouvait être inférieure à 12,000 âmes. D'autre part César nous parle des *Sotiates* comme du peuple le plus puissant de l'Aquitaine, comme du véritable rempart de ce pays. Toute la portion du récit de l'entreprise de Crassus fait donc supposer, chez les *Sotiates* assiégés dans leur oppidum, un nombre de combattants au moins égal à celui de l'armée romaine. En y ajoutant les enfants, les femmes et les vieillards, on arrive à un total de 50,000 âmes. « Or, continue M. Camoreyt, l'entière superficie du plateau de Lectoure porte des traces d'aménagements pour une occupation complète, temporaire ou autrement. Le nombre des chemins qui y conduisent de toutes parts est hors de proportion avec les besoins actuels dans les parties qui sont aujourd'hui livrées à l'agriculture. Le chemin de ronde au-dessous des rochers existe encore en plusieurs endroits. D'autres portions considérables ont dis-

---

[1] BLADÉ, *Épigraphie antique de la Gascogne*, n° 11.

paru naguère. Les traces du fossé qui coupaient l'isthme sont encore visibles. »

M. Camoreyt admet donc que les *Sotiates* étaient à Lectoure, et que leur oppidum était *Lactora* (Lectoure), qui était déjà, sans conteste, à une époque reculée du Haut-Empire, le chef-lieu d'un district financier *(provincia Lactorae)* englobant tout le sud de l'Aquitaine augustale.

M. Camoreyt tire aussi argument, en faveur de sa thèse, de la présence, sur la Carte de Peutinger, d'un groupe de lettres ainsi formé : **Lactorates n auci**. La lettre **n** appartient certainement au mot *Aquitania* marqué sur la Carte. Le groupe littéral dont s'agit est entièrement de couleur rouge. Il n'a d'autre point que celui de la fin. L'intercalation du **n** d'*Aquitaniae* a forcé l'auteur ou le transcripteur à reculer, — à gauche, le **s** vers l'**e** — à droite vers l'**u**; autrement toutes les lettres auraient entre elles un espace à peu près régulier, comme on le remarque dans tous les autres noms des peuples de la Carte, sans d'autres obstacles signalés par M. Camoreyt, on aurait écrit **lactoratesance**. Pour lui la fraction finale **ance** ne représente pas le peuple des *Ausci*. Il s'agit ici des *Lactorates-Sotiates*.

Telle est, au principal, ce me semble, la double thèse de M. Camoreyt. J'ai tâché de l'exposer ici sans approbation ni improbation. Avant de prendre parti, j'attends impatiemment que M. l'abbé Breuils qui tient pour l'identité de Sos et de l'oppidum des *Sotiates*, ait produit son mémoire dans la *Revue de Gascogne*.

TARUSATES. — Peuple exclusivement mentionné par César. *Tarusates*, Caes, Bell. Gall., III, 23 et 27. Bon nombre d'érudits, se liant une fois de plus à une vague homophonie, ont prétendu retrouver le territoire des anciens *Tarusates* dans l'ancien pays de Tursan, aujourd'hui compris tout entier dans le département des Landes.

D'après les renseignements dont je dispose, le nom de Tursan n'apparaît guère qu'au XIV° siècle. Il me suffira de signaler ici deux mentions : *archipresbyter Thursani* (I. *Tursani*), 1335, Monlezun, Hist. de la Gascogne, VI, 389; *pais de Marsan, Tursan et Gavardan*, 1377 (?), Archives historiques de la Gironde, III, 179. L'archiprêtré de Tursan, au diocèse d'Aire, comprenait les paroisses et annexes suivantes : Urgons (siège de l'archiprêtré), Aire, Subéhargues (annexe),

Arboucave, Bachen, Batz, Aubagnan (annexe), Serresgaston (annexe), Buanes, Cornet (annexe), Clussun (annexe), Castelnau-Tursan Pécorade (annexe), Coudures, Dadou, Duhort, Geaune, Bederède (annexe), Lacajunte, Le Mas, Miramont, Mauriès (annexe), Montgaillard, Boulin (annexe), Montségur, La Bastide, Payros, Casaulets (annexe), Cledes (annexe), Pimbo, Laurel (annexe), Pujo, Bruch ou Brus (annexe), Renung, Saint-Louis (annexe), Saint-Loubouer, Samadet, Golonin (annexe), Sansac. Gabasvieille (annexe), Sarraziet, Bahus-Jusan (annexe), Bahus-Soubiran, Sorbets (annexe), Bardos (annexe), Vielle[1]. Au point de vue civil, le Tursan englobait, d'après un acte du 7 janvier 1580, les vingt-huit paroisses ci-après : Aire, Arboucave, Bachen[2] Bahus-Soubiran, Buaner, Castelnau-Tursais, Duhort, Fargues, Geaune, Lacajunte, Latrille, Man, Le Mas d'Aire (quartier d'Aire), Miramont, Montgaillard, Monségur, Payros, Pimbo, Pujo, Renung et Saint-Savin, Saint-Loubouer, Samadet, Sansac (quartier de Miramont), Sarraziet, Sorbets et Bardos, Urgons, Vielle[3].

Il est amplement prouvé qu'à partir de la seconde partie de la période féodale, et jusqu'à la Révolution, le Tursan suivit plus ou moins, au point de vue politique, les destinées des vicomtés de Marsan et de Gabardan. Voilà pourquoi le territoire dont s'agit est souvent qualifié de vicomté. Mais la vérité est qu'il n'a jamais existé de lignée distincte de vicomtes de Tursan.

Tel est le pays que divers érudits donnent comme à peu près équivalent à celui des anciens *Tarusates*. Entre les deux noms, disent-ils, on peut constater une certaine homophonie. Et puis, le Tursan, se trouve dans la vallée de l'Adour, du fleuve *Aturris* ou *Aturrus*, qu'on pourrait à la rigueur reconnaître dans la circonscription dont s'agit.

Voilà la théorie. J'y ai trop peu de confiance, pour prendre la peine de la réfuter. Pourtant, il ne me répugnerait aucunement de placer à peu près le domaine des anciens *Tarusates* dans le Tursan. Voici les motifs de ce que je ne présente d'ailleurs que comme une simple opinion.

---

1. *Arch. départ. des Hautes-Pyrénées*. E. 4. Manuscrit de Larcher de 1765.
2. Bachen, Renung et Saint-Savin, au XVIII° siècle, n'étaient pas dans le Tursan. Saint-Savin ou Saint-Sabin est aujourd'hui un quartier de Larrivière.
3. *Inventaire-sommaire des Archives départementales des Landes*, Introduction, p. IV.

César, racontant la conquête de l'Aquitaine par son légat P. Crassus, dit qu'après la défaite des *Sotiates* et la prise de leur *oppidum*, le vainqueur s'avança vers les frontières des *Vocates* et des *Tarusates*. Rien de plus précis que ce texte : *in fines Vocatium et Tarusatium profectus est* [1]. Sans m'inquiéter ici de la situation réelle ou probable des *Sotiates*, je constate que Crassus ne pouvait marcher que de l'est à l'ouest. Noter en outre que, d'après le témoignage de César, les *Vocates* et les *Tarusates* devaient être limitrophes, ou tout au moins très voisins. Le lecteur sait déjà que, selon toutes les probabilités, les *Vocates* sont les mêmes que les *Boii* ou *Boates*. Il faut donc les placer, comme je l'ai déjà dit, dans la vallée de la Leyre. Voilà donc le nord de l'Aquitaine occupé par ces *Vocates*, *Boii* ou *Boates*. Toujours dans l'Aquitaine occidentale, et en tirant davantage vers le sud, la partie de cette région qui s'étend le long de l'Océan jusqu'aux Pyrénées, était notoirement occupée par le pays des *Tarbelli*. Il est donc impossible de placer les *Tarusates* autre part qu'entre les *Vocates* et les *Tarbelli*, c'est-à-dire à peu près dans la contrée qui devait former plus tard le pays de Tursan.

Dans le troisième et dernier groupe des peuples de l'Aquitaine autonome, il faut reléguer tous ceux dont la position reste absolument inconnue. Ce sont les *Camponi*, les *Gates*, les *Lassunni*, les *Monesi*, les *Onobrisates*, les *Pimpedunni*, les *Ptianii*, les *Sibuzates*, les *Sediboviates*, les *Succases*, les *Suellates*, les *Vassei*, et les *Venami*. Je sais bien que jadis Walckenaër et ses disciples prétendirent retrouver tous ces noms dans ceux de diverses localités de notre Sud-Ouest. Mais ces fausses doctrines ont fait leur temps.

CAMPONI, peuple uniquement mentionné par Pline, Nat. Hist.; IV, 33 (19). Variante... *poi*. Nous ne sommes même pas certains d'avoir la bonne leçon.

GATES, peuple uniquement nommé dans César, Bell. Gall., III, 27. Variantes ; *gautes*, *gaites*. Comment choisir entre ces trois leçons ?

LASSUNNI. Peuple que Pline est seul à mentionner. Nat. Hist., IV, 33 (19). Variantes : ... *unnis*, *unnis*, ... *nini*, ... *urinis*. Impossible de se décider raisonnablement pour l'une d'elles.

---

1. CÆS. *Bell. Gall.*, III, 23.

Monesi. Peuple uniquement signalé par Pline, Nat. Hist., IV, 33 (19). Variante : *mone*.

Onobrisates. Cette nation n'est signalée que par Pline, Nat. Hist., IV, 33 (19). Sans variantes.

Pimpedunni. Pline atteste seul l'existence de ce peuple, Nat. Hist., IV, 33 (19). Variantes : *... nni, pinpendunini*. La bonne leçon reste donc inconnue.

Ptianii. Le nom de ce peuple ne se trouve que dans César, Bell. Gall., III, 27. Variantes : *phtianii, pacianii*. Comment choisir entre ces trois formes ?

Sibuzates. César seul atteste l'existence de ce peuple, Bell. Gall., III, 27. Variantes : *aut scisci bulates*.

Sediboviates. Il n'en est question que dans Pline, Nat. Hist., IV, 33 (19). Variantes : *sedibouiates, sedhib., sedhiboviates*. Quelle est la bonne forme ?

Succasses. On ne les trouve que dans Pline, Nat. Hist., IV, 33 (19). Pas de variantes.

Sennates. Peuple uniquement signalé par Pline, Nat. Hist., IV, 33 (19). Variantes : *... enn,..., aenn*.

Suellates. Il n'en est parlé que dans Pline, Nat. Hist., IV, 33 (19). Variante : *vellates*. Comment choisir ?

Vassei. Peuple uniquement signalé par Pline, Nat. Hist., IV, 32 (19). Variantes : *vassaei, vassel, vessei*. Sur quoi s'appuyer pour choisir entre ces quatre formes ?

Venami. Il n'en est question que dans Pline, Nat. Hist., IV, 33 (19). Pas de variantes.

Et voilà tout ce que j'ai pu, d'après les textes antiques, tantôt constater exactement, tantôt supposer avec plus ou moins de probabilité, pour la géographie politique de l'Aquitaine autonome. A propos d'autres recherches géographiques déjà publiées, certains critiques autorisés, et notamment M. Antoine Thomas, m'ont reproché trop de circonspection. C'est pourquoi j'ai tâché de profiter ici de leurs censures, tout en me gardant contre les assertions gratuites ou téméraires. Il ne me reste plus qu'à remercier d'avance mes juges, en me recommandant, comme toujours, à leur profitable sévérité.

Jean-François BLADÉ.

www.ingramcontent.com/pod-product-compliance
Lightning Source LLC
Chambersburg PA
CBHW060519050426
42451CB00009B/1069